Inhaltsverzeichnis

Advent – Chanukka – Weihnachten

Zum jüdisch-christlichen Verständnis
der Geburt unseres Herren

Es gibt sieben Grundgedanken, die die drei Feste Advent – Chanukka – Weihnachten verbinden:

1. *Bei allen drei Festen wird Dunkelheit vorausgesetzt.* Das sehen wir sehr deutlich in Psalm 30. Dieser Psalm, ein Lied zur Einweihung des Tempels, gehört auch unmittelbar zur Feier des Lichtfestes Chanukka.
2. *Bei allen drei Festen haben wir es mit einem Vorläufer zu tun.*
3. *Der Weg zur Erneuerung wird hier angedeutet, an Weihnachten erfüllt.*
4. *Anbrechendes Licht und kommendes Gottesreich werden gezeigt.*
5. *Alle drei Feste haben mit der Errettung aus dem ewigen Tod zu tun.*
6. *Bei allen geht es um Befreiung von Fremdherrschaft in und über uns.*
7. *Alle beziehen sich auf Heiden: Licht für die Heiden.*

Diese sieben Punkte gehen ineinander über, sind aber trotzdem selbstständig.

Advent

1. Dunkelheit wird vorausgesetzt

Im Volk Israel herrschte Dunkelheit. Wieso? Israel hatte sich immer mehr an das Gesetz gebunden, war erstarrt in gesetzlichem Denken. Die mündliche Überlieferung des Gesetzes zog sich über ungefähr tausend Jahre hin von der Erlöschung der Prophetie bis zur schriftlichen Fixierung des Talmud (des jerusalemischen und des babylonischen) im 6. und 7. Jahrhundert nach Jesu Geburt. Eine lange Zeit.

Es war also der Zeitraum der mündlichen Thora, und die Überlieferung der Rabbiner galt unter frommen Juden in Israel und gilt auch heute noch genauso viel wie die Thora selbst. Der Ausdruck „Talmud-Thora-Schule" zeigt, dass die Tradition genauso heilig ist wie die Schrift. Die Tradition legt die Schrift aus. Der Grundsatz der mündlichen Thora war, dass Gottes heiliges Gesetz, die fünf Bücher Mose, für Israel „lebbar", erfüllbar gemacht werden sollte. Dieser Grundsatz aber ist falsch, wie sehr, das zeigt uns Jesus in der Bergpredigt, der endgültigen Auslegung des Gesetzes Moses: „Mose sagte euch – ich aber sage euch." „Ihr müsst vollkommen sein wie Gott." Damit ist jeder Versuch, das Gesetz Moses erfüllbar zu machen, als falscher Weg enthüllt. Gesetzlichkeit, gesetzliches Denken, führt zur Verurteilung durch Gott selbst. Das war die Dunkelheit in Israel.

Auch in unserer Kirche ist heute das Problem nicht in erster Linie die verflachte, heidnische Welt. Es ist die Kirche selbst, die verflacht ist. Das zentrale Problem der Dunkelheit beginnt bei uns. Aber auch äußerlich herrschte damals in Israel Dunkelheit wegen der Unterdrückung durch die Römer, sowohl politisch als auch wirtschaftlich.

Der Herr hatte Israel in seiner Geschichte immer wieder bestraft, weil Israel wie die Welt sein wollte, einen König haben und weltlich denken wollte. Die Art seiner Vergeltungsstrafe war es, Israel den Weltmächten auszuliefern. Das ist Gottes Art und Weise, mit uns umzugehen. Er ist kein harmloser Gott. Er ist nicht der liebe, gute, süße, trostreiche Jesus, wie man ihn heute gerne sieht. Nein, er ist ein ernst zu nehmender Gott, brennend, eifernd, barmherzig, gnädig – das wissen wir Juden allzugut.

Die politische Situation Israels glich äußerlicher Dunkelheit. Wir rechnen heute als Historiker damit, dass Israel im Kampf gegen die Römer etwa 100 000 Freiheitskämpfer verloren hat, aber Israel war kein großes Volk! Mitten in diesem Freiheitskampf, mitten in diesem schrecklichen Krieg sangen die Engel: „Friede auf Erden!" Das bedeutet nicht Waffenstillstand, wie die Friedensbewegung das sieht, sondern das heißt: Gott ist am Ziel – Schalom!

Wie zur Zeit der Knechtschaft in Ägypten war man dem Bedränger, dem römischen Militär, ausgeliefert, und es gab die gleiche Erwartung wie zur Zeit Moses, und das war keine unbiblische Haltung: Ein Befreier wird kommen, der Israel mit Gewalt befreien wird; das Tausendjährige Friedensreich wird hier auf Erden beginnen, und die Völker werden nach Israel hinpilgern.

Das war die Erwartung. Aber das ist das Bild des wiederkommenden Jesus, nicht das Bild seiner ersten Ankunft. Das ist interessant und verhängnisvoll zugleich. Israel hatte zur Zeit Jesu eine falsche Vorstellung vom Messias und manche in unserer Kirche haben sie heute auch. War es nicht hier beim Kirchentag in Stuttgart, dass ein berühmter Theologe sagte: „Lächerlich ist das, dass Jesus wiederkommt als Richter. Wir glauben das nicht"? Was für ein Gottesbild haben wir? Die erste Ankunft Jesu, sein Tod am Kreuz – das ist sehr wichtig für uns. Aber wir leben in der Zeit des Endes, wo der Herr mit Macht und Gewalt wiederkommen wird. Freilich haben gerade Deutsche große Schwierigkeiten, hier biblisch zu sehen und biblisch zu denken, weil die Schuld der jüngsten Vergangenheit, die falsche Vorstellung von heiligen Kriegen, als Binde vor ihren Augen liegt.

Die Prophetie war erloschen. Maleachi, der letzte Prophet, hatte um 400 v. Chr. Geburt gelebt. Gott hatte aufgehört, direkt zu seinem Volk zu reden. Es gab nur Menschenworte. Das bedeutete Dunkelheit.

Dazu kommt, dass es in Israel zur Zeit Jesu drei zentrale Parteien gab, von denen die weitaus beste, die *Pharisäer*, der Hauptfeind Jesu war. Auch dies ist für Christen sehr schwer zu verstehen. Die Pharisäer standen auf weitaus höherem Niveau als die Zeloten und die Sadduzäer. Israel war innerlich zerstritten, auf falschen Wegen innerhalb seiner Glaubensgemeinschaft.

Die *Sadduzäer* waren zum guten Teil reiche Priester, die mit den Römern mehr oder weniger paktierten, die keinen Messias und keine Auferstehung der Toten erwarteten, nur die Thora akzeptierten, aber nicht die Prophetie. Sie waren im allgemeinen glücklich unter der römischen Herrschaft, denn sie waren reich und angesehen.

Die *Zeloten*, zu denen Judas Iskariot gehörte, wollten gleich zum Schwert greifen, um Israel durch Gewalt zu befreien. Diese zelotische Tendenz fand ihr Ende in Bar Kochba, den Rabbi Akiba, der große Mann, der im 2. Jahrhundert die Mischna zusammengestellt hat, den Messias nannte. Dieser Bar Kochba war ein echter Heide, sein Blut war jüdisch, aber seine Handlungsweise kannte nur Gewalt, und er wurde vernichtet. Und der größte Rabbi seiner Zeit, Rabbi Akiba, nannte ihn den Messias! So verblendet war Israel! Und die Pharisäer? Sie wussten, dass der Messias kommen würde, sie glaubten an die Auferstehung der Toten wie an die ganze Bibel ihrer Zeit. Sie wussten: Wir können uns nicht durch Gewalt retten. Rettung wird der Messias bringen. All das war richtig, und doch musste Jesus sich mit ihnen auseinander setzen.

„In euren Herzen ist Ehebruch und Morden ..." David ist ein Beispiel dafür, dass auch die Besten unter dem Fluch stehen und sich nicht selbst befreien können. Von David geht die Fluch- und Segenslinie weiter, in Jesus ist dieser Segen erfüllt. Das Thema „Segen und Fluch" zieht sich durch die gesamte Bibel. Die Pharisäer gelten bis heute unter den Juden als etwas vom Allerbesten, was Israel hervorgebracht hat, deswegen setzte sich Jesus mit ihnen auseinander.

Jesus geht keinen billigen Weg. Er ist Gott. Er fordert die Allerbesten heraus und zeigt ihnen, dass sie trotz ihrer richtigen Erkenntnisse verloren sind. Das war die Dunkelheit, die bei Advent vorausgesetzt wird.

2. Der Vorläufer

Plötzlich steht jemand auf, ein Prophet, erstmals seit 400 Jahren, und dazu kein Schriftprophet, sondern einer in der ursprünglichen Form wie Nathan, Elia und Elisa: ein Prophet mit absoluter Vollmacht des Wortes.

Diese „Stimme in der Wüste", der „wiederkommende Elia", dieser Prophet Johannes der Täufer ist *der* Vorläufer Jesu Christi. Auch die Gestalt des Vorläufers ist ein zentrales biblisches Thema. Finden wir sie nicht schon bei David, dem großen König, in Samuel, dem Priester, Richter und Propheten?

3. Der Weg zur Erneuerung

Was ist der Weg zur Erneuerung? Johannes sagt es klipp und klar, und auch Jesus beginnt seine Predigt mit der gleichen Botschaft: Kehrt um! Erkennt eure Sünde und Schuld!

Unser schlimmster Feind sind wir selbst, unser bester Freund ist Christus. Wer das sieht und bejaht, ist in seiner Glaubenserkenntnis weit gekommen. Wir sind von Verlorenheit und Dunkelheit überflutet. Man kann es auch ausdrücken im Sinne von „Fluch und Segen": Wir sind durch die Erbsünde in uns selbst verflucht, und wir sind durch Christi Blut gesegnet und damit aus diesem Fluch errettet. Die Erkenntnis der Dunkelheit in uns selbst, Buße, ist der Anfang. Luther spricht in der ersten seiner 95 Thesen davon, dass das ganze Leben eines Christen tägliche Buße sein soll. All unsere Verlorenheit aber dürfen wir Christus übergeben.

Johannes predigt nichts anderes als Umkehr, wie alle Propheten es getan haben; aber diese Umkehr ist zugleich ein Vorwärtsgehen. Auch das finden wir bei allen Propheten vor ihm. Ihre Botschaft ruft zurück zum lebendigen Gott und weist gleichzeitig mit messianischem Blick auf das, was kommen wird.

Wo geht Johannes hin: Er sucht den heiligen Fluss Jordan auf, das Zeichen der Reinheit in Israel. Hier findet die zentrale Reinigungshandlung statt. Fließendes Wasser bedeutet in Israel Reinheit. Denken wir an die Geschichte des Heiden Naeman. Er hat Aussatz und geht auf Elisas Anweisung zum Jordan. Er taucht dort siebenmal unter (ein Hinweis auf die sieben Tage, in denen der lebendige Gott Israels die Welt erschuf!). Seine Schuld wird damit abgetan. Er ist durch den lebendigen Gott Israels wiederhergestellt und gereinigt.

Dieser Jordan zeigt seine Bedeutung auch bei der Überquerung des Flusses unter Josua. Diese Geschichte ist eine wunderbare Zeichenhandlung: Zwölf Priester stehen auf zwölf Steinen, die Tod bedeuten, aber zugleich ein Bild sind, das in Leben verwandelt wird. Israel geht durch den Tod, durch den Jordan zu neuem Leben, gereinigt in dem Herrn, und der Jordan wird gespalten wie das Schilfmeer.

Johannes geht an diesen für Israel so einmaligen Ort. Der Jordan fließt durch eine Wüste, aber er befruchtet diese Wüste nicht. Auch sie hat ihre Bedeutung. In der ganzen Bibel kommt die Wüste immer wieder als Ort der Versuchung und Ort des Heils vor. Denken wir an die 40 Jahre, die Israel in der Wüste verbrachte, ständig zum Unglauben versucht. Es ist aber auch die Brautzeit, wo das Volk immer wieder Heil empfängt durch den Herrn, der den Weg zeigt, der Nahrung, Wasser und Führung gibt.

Denken wir an David in seiner großen Versuchung, Saul in der Steinwüste umzubringen, und wie er diese Versuchung überwindet zum Heil. Er nimmt ein Stück von Sauls Kleid, eine Zeichenhandlung: „Ich habe Anteil an deinem Kleid der Erwählung, an deinem Königreich." Dieses Stück Stoff beweist auch: „Ich könnte dich umbringen und ich habe sogar das Recht, das zu tun." David aber tut es nicht, zum Heil, weil Saul der Gesalbte Gottes ist.

So geht Johannes zum Ort der Versuchung des

Heils, zum Ort der Reinheit. Zeichenhaft wird deutlich: Hier wird der Weg der Reinheit, der Weg der Erneuerung, der Weg der Zukunft beginnen. Dort begegnet er Jesus.

4. Anbrechendes Licht und kommendes Reich

„Das Volk, das im Finstern wandelt, sieht ein großes Licht." Inmitten von Israels Versagen in sich selbst, seiner Unterdrückung durch die Römer, mitten im Schweigen Gottes und in aller Dunkelheit ist das Licht im Anbruch, gerade dann! Das steht ganz im Gegensatz zu der liberalen Theologie, die die Vorstellung hat, wir bauten – menschlich gesehen – eine immer bessere Welt auf, bis wir den Schritt zu einem Himmel auf Erden in uns selbst verwirklichen.

Biblisch gesehen ist es genau umgekehrt. Der Herr kommt immer in der dunkelsten Zeit. Er wird auch zu Israel zurückkommen, wenn die Feinde durchgebrochen sind, wenn Israel in absoluter Finsternis und Verzweiflung liegt.

Ging nicht jeder, der sich zu Christus bekehrte, durch diese Dunkelheit? Wer bekehrt sich zu Christus in Freude, in Liebe? Ich kenne niemanden. Die Bekehrung geschieht durch Finsternis hindurch, indem wir das Böse in uns erkennen, indem wir durch Gottes Wort entblößt werden und sehen, wie es wirklich um uns steht.

Israel liegt absolut am Boden, ohne Zukunft in sich und ohne Zukunft in Bezug zur Welt, unterdrückt –

und jetzt bricht das Licht an: „Das Volk, das im Finstern wandelt, sieht ein großes Licht." Das ist ein zentraler adventlicher Text.

5. Errettung aus dem Tod

Wer ist das Zeichen dieses ewigen Todes? Johannes der Täufer selbst! Wir müssen lernen, die Bibel besser zu sehen, nicht nur zu hören. Wer Augen hat zu sehen, der sehe; wer Ohren hat zu hören, der höre! Sehen und hören sind in der Bibel eine unzertrennbare Einheit. Die Bibel redet ständig durch Bilder.

In der Gestalt Johannes des Täufers und in seinem Lebensweg sehen wir gleichsam eine Zeichenhandlung. Er sagt über Jesus: „Ich bin nicht wert, dass ich seine Schuhriemen löse." (Joh. 1,27) Was bedeutet das? Ich bin dem ewigen Tod und Schmutz in mir selbst verfallen. Ich bin nicht würdig, im Staub vor dich, Herr, zu treten. Durch diese Zeichenhandlung des Johannes sehen wir die Lage Israels verkörpert: Das Volk liegt am Boden, aber in Buße vor dem, der Israel erretten wird.

Das ist aber auch meine Stellung: Ich gehe auf die Knie unter dem Kreuz, in den Schmutz vor Jesus. Das bedeutet: Ich bin nichts, ich bin nur verloren und dem Tod geweiht, weil ich Sünder bin. Aber in ihm habe ich Segen, Barmherzigkeit, Leben und Zukunft. Die Errettung aus ewigem Tod wird auch in Psalm 30 deutlich betont: „Herr, du hast mich von den Toten heraufgeholt ..." (Vers 4)

13

6. Befreiung von Fremdherrschaft in uns und über uns

Bei dieser Fremdherrschaft handelt es sich um die Macht Satans, das Beherrschtsein von Gesetzlichkeit sowie die Unterdrückung durch die Römer.

Israel war seinerzeit so unter satanischem Einfluss, dass Jesus zu seinem ersten und wichtigsten Jünger, Petrus, sagen musste: „Geh weg von mir, Satan!" (Mt 16,23) Warum? Petrus ist nicht Satan, aber er befindet sich im Machtbereich Satans in dem Moment, als er Jesu Leiden und dessen Sinn verkennt; und er hat sich damit von Gott und Gottes Zielsetzung entfernt.

In diesem Sinn muss man auch das Wort Jesu verstehen: „Ihr habt den Teufel zum Vater" (Joh. 8,44), als Israel sich auf Abraham bezieht. Das bedeutet nicht buchstäblich, dass Israel vom Teufel abstammt. Es heißt: In ihrer jetzigen Haltung Jesus gegenüber sind die Israeliten absolut verloren, unter der Fremdherrschaft Satans stehend.

Der Einfluss Satans geht so tief, dass er sogar bis in den Jüngerkreis hineinreicht. Als Jesus am Kreuz erhöht wird, laufen die Jünger weg. So überwältigend ist diese Dunkelheit, und so nötig haben wir Christus und seine Befreiung von Fremdherrschaft in und über uns.

7. Ein Licht für die Heiden

Wenn wir Advent feiern, schauen wir auf Texte im Alten Testament, die schon dort auf das Heil für alle Heidenvölker hinweisen. Ich nenne hier nur drei: „Durch dich, Abraham, werden gesegnet alle Völker auf Erden." (1. Mose 12) Der Messias wird sein „ein Held für die Heiden" (sogar mit Vordeutung auf Palmsonntag und das Kreuz) in 1. Mose 49. In Jesaja 49 steht sogar buchstäblich: „Ich habe dich auch zum Licht der Heiden gemacht."

Hier öffnet sich vor uns vor allem die Welt des Johannesevangeliums. Licht und Dunkel, und immer wieder der Kontrast zwischen diesen beiden sind ja das Hauptthema dieses Evangeliums. Es zeigt uns die absolute Finsternis und Verlorenheit Israels in sich selbst und der Welt in sich selbst und das Licht, Gottes Licht, das die tiefste Finsternis durchfluten und für uns erhellen wird.

Chanukka

Aus verschiedenen Gründen ist dieses jüdische Fest bei Christen nur wenig bekannt.

Es wird seit der Zeit der Makkabäer gefeiert, ist also ein verhältnismäßig junges Fest. In den Apokryphen, vor allem im ersten und zweiten Makkabäerbuch, sowie in den Pseudoapokryphen, dem dritten und vierten Makkabäerbuch, wird uns seine Entstehung überliefert. Was ist daran im Hinblick auf Christus wichtig?

Ähnlich wie zur Zeit Jesu gab es im 2. Jahrhundert

v. Chr. Parteien in Israel, die politische Hilfe außerhalb des Volkes Israel suchten: in Ägypten oder Syrien. Sie taten also gerade das, was dem Herrn missfällt.

In dieser Zeit begann auch der griechische Einfluss überhand zu nehmen. Die Römer waren die großen Verwalter und die tüchtigen Krieger, die Griechen das hochstehende Kulturvolk, und ihre Kultur war Israel überlegen. Das war äußerst gefährlich für Israel, denn mancher Israelit suchte die Wahrheit nun bei den Griechen.

Die griechische Kultur wurde ja für das gesamte christliche Abendland bedeutend. Aber ein bloßes „Kulturchristentum" ist eine große Gefahr. Dahin gehören etwa Chöre, die sich weigern, in einem Gottesdienst zu singen, aber die Passionen in Konzertsälen aufführen. Es sind „Kulturchristen". Ich habe nichts gegen Kultur. Ich freue mich an Lyrik, Musik und Kunst, soweit dies alles *unter* Christus steht und ihn verkündigen will. So haben Bach, Schütz und viele andere wirkliche Künstler ja auch ihre Werke verstanden. Kultur ist nicht Selbstzweck.

Diese Gefahr dürfen wir nicht unterschätzen. Sie bedrohte im 2. Jahrhundert v. Chr. das Judentum, das sich weithin dem griechischen Einfluss öffnete und zum Kulturjudentum wandelte. Man fing an, sich in griechischer Art zu kleiden. Man wählte häufig nicht mehr biblische Namen für die Kinder, sondern griechische. Die gesamte jüdische Kultur wurde griechisch unterwandert.

Aber der Herr bleibt nicht still, wenn Gottes Volk

des Alten oder Neuen Bundes versagt. Er greift ein. Israel wurde seinem Gott untreu. Und Gott? Er ließ Israel durch einen fremden Herrscher unterdrücken. Das ist seine Art der Vergeltung. Er schickte einen Mann, dessen Name für einen Juden vergleichbar ist mit Hitler und Himmler, mit Arafat und seinen Schergen und ihren Gewalttaten in der jüdischen Geschichte: Antiochus Epiphanes. „Sein Name sei erloschen!", sagt jeder Jude, wenn er ihn nennt. Antiochos IV. Epiphanes war für die Juden noch gefährlicher als die Römer; denn seine Zielsetzung war, den jüdischen Glauben ein für allemal zu vernichten. Es ging ihm nicht um ein physisches Unterwerfen des jüdischen Volkes, sondern um das totale Ausmerzen des jüdischen Glaubens selbst. Er wandelte den Tempel in eine Götzenkultstätte um. Diese absolute Verunreinigung machte es den Juden unmöglich, ihre großen Feste zu feiern, denn dazu gehörten Opfer, und Opfer konnte man nur im Tempel vollziehen. Es war den Juden sogar untersagt, zu beten. Zum öffentlichen Gebet mussten nach jüdischem Brauch zehn Männer zusammenkommen. Dies aber konnte nur unter Lebensgefahr geschehen. (Jesus verheißt dagegen seine Gegenwart schon dann, wenn nur *zwei* seiner Jünger zusammen sind!) Griechische Götter wurden eingesetzt, der Unterricht in der jüdischen Schule wurde durch griechische Weisheit verfremdet.

Die Juden in der Großstadt, in Jerusalem, wurden von der fremden Kultur überflutet, und es gab wenig Widerstand. Der Widerstand erhob sich abseits, in den kleinen Orten, so wie man auch heutzutage bei uns noch in manch ländlichen Gegenden Gottes Wort unverfälscht hören kann. Mattathias Makkabäus und seine Familie wagten einen Aufstand, der national und religiös motiviert war, und sie gewannen. Der Tempel sollte vom Götzendienst befreit und wieder zum Ort der Versöhnung mit Gott bestimmt werden. Der Tempel wurde befreit und die Griechen wurden militärisch besiegt.

Ich möchte hier eine Anmerkung einfügen zur Abneigung, die wir gegen die Anwendung von staatlicher Gewalt haben. Sie ist nicht gerechtfertigt. Israel muss sich auch jetzt militärisch verteidigen. Kein Jude darf in Israel den Kriegsdienst verweigern, im Gegenteil, man muss dienen. Davon sind vor allem orthodoxe Frauen ausgenommen, auch weil sie keine Hosen tragen dürfen, aber auch Thoraschüler.

Es wurde eine neue jüdische Herrschaft aufgerichtet, ein jüdisches Königreich, und ein Fest der Befreiung gehalten, ähnlich wie Passa, wenn auch nicht so wichtig. Dieses Fest wurde plötzlich – so berichtet es Josephus – zu einem Lichtfest. Man fand im Tempel genügend Öl, um den siebenarmigen Leuchter einen Tag lang brennen zu lassen, und es reichte wunderbarerweise acht Tage hindurch. Acht Tage lang feierte man die Weihe des neuen Altars. Die Zahl acht ist hier auch ein Zeichen: Sie deutet auf den achten Tag, an dem im Alten Bund die erforderliche Beschneidung der neugeborenen Jungen stattfand. Der Chanukka-Leuchter spielt in der jüdischen Tradition eine große

Rolle, wenn sie sich auch erst später entwickelt hat und nicht biblisch vorgegeben ist.

Ich will hier zeigen, dass Israel immer noch Gottes auserwähltes Volk ist, dass auch Traditionen, die sich erst in der Zeit nach Jesu Erdenleben entwickelt haben, ganz und gar von Christus her zu verstehen sind, ohne dass die Juden das wissen und wollen. So wichtig ist Israel für Jesus, dass in die Entwicklung der jüdischen Feste immer mehr christliche Züge hineinkommen ohne oder auch gegen den Willen der Juden. Die moderne Chanukka-Feier mit der besonderen Bedeutung des Leuchters hat einen engen Bezug zu Weihnachten. Ich werde dazu wieder die sieben Grundgedanken ausführen.

1. Dunkelheit wird vorausgesetzt

Worin bestand sie? Die Dunkelheit war der Opportunismus der jüdischen Politiker genauso wie zur Zeit Jesu. Man war zerstritten, hoffte auf Befreiung von außerhalb, öffnete sich ausländischen Einflüssen. Es gab nicht mehr den innigen Bezug zum Gott Israels. Es war noch schlimmer als zur Zeit Jesu, denn die Pharisäer erwarteten ihren Messias wenigstens aufgrund der biblischen Verheißungen.

Zur Dunkelheit gehörte auch Antiochos IV. Epiphanes, der Israel zu zerstören versuchte, indem er den Glauben Israels ausmerzte. Unter Hitler durften wir Juden unsere Feste feiern. Hitler wollte die Juden als Volk auslöschen, nicht das Judentum als Religion. Bei

Antiochos Epiphanes war jegliche jüdische Lebens- und Glaubensäußerung unter Androhung der Todesstrafe verboten.

2. Vorläufer

Die Makkabäer sind in gewisser Weise Vorläufer Jesu, denn sie befreiten Israel politisch und religiös. Jesus Christus wird Israel – und damit auch die ganze Welt – von dem letzten Feind befreien, von Satan. Es ist sehr interessant, dass der hervorragende Held *Judas* Makkabäus heißt. Judas ist der Befreier. Der Name war zur Zeit Jesu häufig, und auch Judas Iskariot ist nach ihm genannt. Judas Iskariot wollte eine Befreiung in der Art der Makkabäer, in der Art von Mose. Er forderte Jesus heraus, aber nicht, weil ihn das Geld interessierte. (Die Vorstellung, Juden hätten nur Geldinteresse, stimmt nicht.) Judas Makkabäus war ein Kriegsheld gewesen, der Israel mit dem Schwert befreit und ein jüdisches Reich aufgerichtet hatte, und genau dazu wollte Judas Iskariot Jesus zwingen. Judas war Zelot, und er verkaufte Jesus, damit dieser seine Macht zeigen sollte, indem er Israel von den Römern befreite. Jesus aber sagte: „Vater, nicht mein Wille, sondern dein Wille geschehe."

Es wäre ein Thema für sich, die Beziehung Judas Makkabäus – Judas Iskariot näher zu untersuchen. Übrigens zeigt Händel in seinem „Judas Makkabäus", was für ein großer Ausleger des Alten Testaments er ist. Die Makkabäer als Befreier Israels sind also Vorläufer Jesu, wenn auch die von ihnen erstrittene Befreiung nur vorläufig und gering war gegenüber der umfassenden Befreiung, die Jesus bringt. Dennoch war sie für das Überleben des jüdischen Glaubens wichtig. Israel erhält die endgültige Befreiung durch Jesus von Nazareth, den König der Juden, die viel tiefere Befreiung von uns selbst und vom Satan in uns, um uns, über uns.

3. Der Weg zur Erneuerung

Israel wurde erneuert, der Tempel wurde befreit und gereinigt. Die Juden kamen zusammen, hatten ihren eigenen Staat. Natürlich fingen sie gleich an, miteinander zu streiten. Das passiert immer unter Juden. Churchill sagte: „30 Juden – 31 Parteien." So geht es sogar im Rat der Juden in Deutschland zu. Der eine steht gegen den anderen, und dann ist da noch ein dritter ... Wir sind ein Volk der Individualisten und in dieser Hinsicht werden wir erst geheilt, wenn der Messias kommt, wenn Jesus wiederkommt.

Aber für eine kurze Zeit gab es da wieder ein Reich, einen politischen Staat. Israel war auch religiös wiederhergestellt, der Tempel war gereinigt. Das bedeutete einen Weg der Erneuerung für Israel.

4. Anbrechendes Licht wird gezeigt

Josephus sagt: „Plötzlich ist Chanukka zu einem Lichtfest geworden." Darin gleicht es dem Weihnachtsfest. Der Chanukkaleuchter mit seinen acht Flammen wird zum Zeichen dafür, dass das Licht über der Dunkelheit anbricht, denn Israel wird befreit, politisch und vor allem religiös.

5. Errettung aus drohendem ewigen Tod des Glaubens

Wenn Antiochos IV. Epiphanes sein Ziel erreicht hätte, wäre das Judentum vernichtet worden. Es gäbe wohl noch Menschen, die der jüdischen „Rasse" angehörten, aber keinen jüdischen Glauben mehr.
Für Jesus war gerade die jüdische Glaubensgemeinschaft ungemein wichtig. Immer wieder ging er in die Synagoge und zum Tempel. Psalm 30, das Lied zur Einweihung des Tempels mit dem Lob Gottes („Du hast mich aus der Tiefe gezogen ...") über die Errettung vom Tod, ist darum unmittelbar mit der Feier des Lichtfestes Chanukka verbunden.

6. Befreiung von Fremdherrschaft in und über uns

Israel hatte mit der Welt paktiert, hatte sich nach Ägypten und Syrien um Anschluss gewandt. Jetzt, nach dem Sieg der Makkabäer, war es für kurze Zeit einig. Die

Parteien arbeiteten wieder miteinander, wenn auch nicht für lange. Es war eine Befreiung von falschen Wegen geschehen, auf denen man Hilfe im Ausland gesucht hatte statt vom Gott Israels. Die griechische Herrschaft war abgeschüttelt und mit ihr die von ihr drohende Kulturgefahr. Die nächste Gefahr stand jedoch schon vor der Tür, die Gewaltherrschaft der Römer.

7. Licht für die Heiden

Nur wenn die Juden zu sich selbst finden, wird ein Heilsweg zu den Heiden führen.

Unter den Makkabäern hatten die Juden ihre Einheit politisch und im Glauben wiedergefunden. Auch Jesus zeigt die Einheit Israels, indem er durch das ganze Land von Norden bis Süden zieht. Dies alles gehört ihm. Er erwählt 12 Jünger zum Zeichen der Wiederherstellung der 12 Stämme im Geist zu einem Zeitpunkt, als nur noch die Stämme Juda und Benjamin sowie die Leviten existieren.

Auch am Ende der Tage wird Israel zu sich selbst zurückfinden. Die Rückkehr des Volkes ins Heilige Land ist ein zentrales Ereignis. Für die Wiederkunft Jesu ist eine Voraussetzung, dass die Mission die gesamte Erdbevölkerung erreicht hat; die zweite Voraussetzung ist, dass Israel sich in seinem Land gesammelt hat. Das ist selbstverständlich, denn zu wem kommt Jesus bei seiner Wiederkunft? Zu den Juden, nicht zu uns. Wir werden (nach 1. Thess. 4) schon vorher entrückt und gar nicht mehr hier sein.

Zentral hier sind aber drei Punkte:

1. Im Hinblick auf Chanukka, dem jüdischen Lichtfest, hat Jesus gesagt: „Ich bin das Licht der Welt." Damit nahm er direkt Bezug zu diesem Fest und seinem Sinn, denn das Lichtwunder dieses Festes bleibt im jüdischen Gedächtnis wie das Schilfmeerwunder.

2. An Chanukka, welches auch das Tempeleinweihungsfest ist, ein Fest der Befreiung und Erneuerung, hat Jesus gesagt: „Ich und der Vater sind eins." Damit weist er voraus auf seine endgültige Befreiung für uns am Kreuz und die Erneuerung im tiefsten Sinne unseres Lebens, und Jesus selbst ist der messianische Tempel (Tempeleinweihungsfest). Er sagt: „Der Tempel wird zerstört, aber ich baue ihn wieder auf in drei Tagen (vom Kreuz zur Auferstehung) und

3. hat die Urgemeinde Weihnachten am Chanukkafest gefeiert, und hat damit die enge Verbindung zwischen Jesu Worten und Tun und diesem Fest gezeigt. Deswegen dürfen wir auch sagen, dass Weihnachten in seinem Ursprung nicht heidnisch ist, sondern zutiefst jüdisch wie alle anderen christlichen Feste.

Und deswegen können wir das Brauchtum von Weihnachten auch jüdisch verstehen: zum Beispiel der immergrüne Weihnachtsbaum als Baum des Lebens, welchen Jesus im wahrsten und tiefsten Sinne wiederherstellte. Die Lichter am Weihnachtsbaum kann man auch in Bezug zu Jesus als Licht der Welt verstehen und damit auch zu Jesu Aussagen in diesem Sinne zum Chanukkafest. In gleicher Weise können der grüne Adventskranz und seine Lichter verstanden werden.

Weihnachten

1. Dunkelheit wird vorausgesetzt

Weihnachten ist nicht nur von der Adventszeit her zu verstehen und von dem, was auf die Geburt Jesu hinführt. Die Bedeutung von Weihnachten können wir vor allem im Rückblick von Jesu Botschaft und vom Kreuz her erkennen. Darum führt eine richtige Weihnachtspredigt immer nach Golgatha.

Hier finden wir die Dunkelheit, vor der das Licht von Weihnachten viel heller erstrahlt. So ist zu erklären, dass die größten christlichen Maler dem Kind Jesus in der Krippe oder auf dem Schoß der Mutter das Gesicht eines erwachsenen Mannes oder Zeichen des Leidens geben. So lässt etwa Leonardo da Vinci den Säugling Jesus mit einem Lamm spielen.

Die Bergpredigt ist die tiefste und härteste Predigt, die je gehalten wurde. Ihre Mitte ist die Forderung: „Du musst vollkommen sein wie Gott!" Die Juden merken: Ich kann das nicht, es ist mir unmöglich, das Gesetz zu erfüllen, wie Gott es verlangt. Hier wird die Dunkelheit entblößt, unsere Verlorenheit gezeigt. Am Ende der Bergpredigt steht, dass die Jünger entsetzt sind, und das mit Recht.

Was sagt Jesus über den Tempel, den Ort der Versöhnung? Er weint über ihn und weiß: Er wird zerstört werden. (Dass Jesus ihn in drei Tagen wieder aufbauen wird, haben die Jünger anscheinend nicht gut gehört. Denn sie sind alle außer Johannes vom Kreuz geflohen und waren auf die Auferstehung gar nicht vorbereitet.)

Die Dunkelheit erreicht ihr Ziel, ihren Höhepunkt, ihr Telos in den drei Stunden der Finsternis um das Kreuz. Die alte Schöpfung liegt im Sterben mit Gott, weil wir Gottes Mörder sind.

Nur aus diesem Rückblick wird verstanden, was Weihnachten wirklich bedeutet, warum Gott zu uns kommen muss.

2. Der Vorläufer

Schon in den Ausführungen zu Advent haben wir Johannes als den Vorläufer Jesu betrachtet. Als der letzte Prophet ruft er zur Umkehr. Seine Zielsetzung ist es, Jesus zu finden und zu taufen. Danach aber wird er gefangengesetzt und schließlich enthauptet. Warum? Sein Auftrag hier auf Erden ist zu Ende. Nun beginnen Werk und Auftrag Jesu.

Das bedeutet zeichenhaft, dass auch der Auftrag Israels *vorläufig* beendet ist, indem Jesus alles erfüllt. Johannes ist der Vertreter Israels, der letzte und vollmächtigste Prophet. Israels Auftrag wird durch den wahren König Israels, Jesus, vollendet und weitergeführt. Israel wird einen dunklen, einen Leidensweg gehen, bis die Zeit der Heiden zum Ende kommt (Lk. 21), und das ist jetzt.

Der Vorläufer wird dann hinfällig. Er spielt keine Rolle mehr, wenn alle Prophetie in Christus selbst ihre Zielsetzung findet.

3. Der Weg der Erneuerung

Jesus zeigt ihn uns sehr klar: „Komm und folge mir nach!" Das ist der Weg der Erneuerung. Gottes Reich ist mitten unter uns. In Jesus ist Wahrheit, ist Erfüllung, ist Leben. In Jesu Handeln wird ständig deutlich, dass er *die* Reinheit, *die* Vollkommenheit Israels ist. In Israel aber soll die ganze Welt gesegnet werden. Das ist Gottes Verheißung.

Wann fängt Jesus nun an, der Heidenheiland zu sein? Die Weisen kommen und sprechen vom „König der Juden". Die Zielsetzung der Evangelien ist: Jesus von Nazareth, König der Juden.

Manche meinen, dass Jesus mit dem Missionsbefehl sein Werk als Heidenheiland beginnt. Sein Auftrag als König der Juden ist beendet, und nun geht das Heil weiter zu den Heiden. Nein, denn schon zum Hauptmann von Kapernaum sagt er: »So einen Glauben habe ich in Israel nicht gefunden.« Und auch am Kreuz ist Jesus der Heiland der Heiden. Vier Heidenknechte (nach Johannes), Vertreter der Völker in allen vier Himmelsrichtungen, werfen das Los um Jesu Gewand. Es ist das Kleid der Erwählung, das überall in der Bibel eine Rolle spielt: vom bunten Rock Josefs, des Lieblingssohnes Jakobs, über den Priesterrock Samuels und den Prophetenmantel Elias zum weißen Gewand der Erwählten in der Offenbarung.

Am Kreuz hängt Jesus von Nazareth als König der Juden, und gleichzeitig fängt hier sein Werk als Heidenheiland an. Der Missionsbefehl ist nur die Weiterführung.

Jesus zeigt uns den Weg zur Erneuerung: Nachfolge heißt er; denn Jesus ist der Weg, die Wahrheit und das Leben.

4. Anbrechendes Licht

Jesus sagt von sich: „Ich bin das Licht der Welt."

Im französischen Katholizismus gab es – so widersprüchlich es auch klingt – eine fast pietistische Bewegung, den sogenannten Jansenismus. Blaise Pascal gehörte dazu, der große katholische Denker, dessen verinnerlichte Frömmigkeit den Einfluss des Pietismus zeigt, und ebenso ein Bauernmaler, ein Zeitgenosse Rembrandts. Er heißt Georges de la Tour. Von Rembrandt geprägt, ist er der größte religiöse französische Maler. Offiziell war er katholisch, aber die Aussagen seiner Bilder sind unverkennbar evangelisch.

Der reife Georges de la Tour malte fast ausschließlich Bilder, auf denen Licht und Dunkel deutlich ins Auge fallen, und das Licht geht häufig von Jesus selbst aus. Manchmal ist eine Kerze die Lichtquelle. Aber oft kommt das Licht direkt aus dem Körper Jesu und erhellt die Dunkelheit ringsum.

Eine Verheißung auf das in Jesus anbrechende Licht der Welt ist der siebenarmige Leuchter im Tempel. Vom Abend bis zum Morgen sollte er während der Finsternis der Nacht beständig vor dem Herrn leuchten. In Jesus, dem „Licht der Welt", ist auch dieser alttestamentliche Hinweis erfüllt. Auch in Psalm 139 gibt es einen solchen Vordeutungsvers.

5. Errettung aus drohendem ewigen Tod

In der Inkarnation zu Weihnachten zeigt sich Jesus als wahrer Gott und wahrer Mensch. „Friede auf Erden!" singen die Engel. Das bedeutet: Gott ist jetzt am Ziel. Was ist sein Ziel? Jesus soll uns mit dem Vater versöhnen, indem er die Bergpredigt für uns im Buchstaben und im Geist erfüllt, damit wir Errettung aus dem ewigen Tod haben. Ohne Jesus gibt es keine Errettung, nur in ihm. Das ist die Zielsetzung, und die Verwirklichung fängt mit Weihnachten an.

Wahrer Gott und wahrer Mensch – denn Jesus hat das Bildgleichnis Gottes wiederhergestellt, das durch den Sündenfall verlorengegangen ist. Wir sind wohl in Gottes Bild geschaffen, aber durch unseren Abfall von Gott haben wir es zerstört. Die Behauptung, dass wir auch jetzt ohne Erlösung Ebenbild Gottes sind, ist unbiblisch und falsch. Das Neue Testament bezeugt deutlich: Wenn wir mit Jesus leben und durch sein Blut am Kreuz gerettet sind, werden wir ihm in seinem Reich gleich werden. Nur Jesus stellt das ursprüngliche Bild wieder her.

Damit schenkt er uns Errettung aus dem ewigen Tod; denn Gott verlangt Vollkommenheit. Wir müssen vollkommen sein, oder wir werden verdammt sein. Von uns aus können wir nicht vollkommen sein. Christus erbringt diese Vollkommenheit für uns, denn er erfüllt die Forderungen Gottes in der Bergpredigt an unserer Stelle, ja, er trägt unser Gericht und unsere Verurteilung: „Verflucht ist der, der am Holze hängt."

6. Befreiung von Fremdherrschaft in und über uns

Jesus hat uns von einem falschen Königsverständnis befreit. Herodes, der zur Zeit Jesu regierte, übte gleichsam eine Fremdherrschaft aus und war ein Gegenkönig zu dem wahren König Israels, denn dieser ist Gott selbst. Wie Saul dem wahren Erwählten David gegenüberstand, so Herodes dem König Gottes, Jesus Christus, in dem Gott selbst auf die Erde gekommen war. Das ganze Alte Testament sagt sehr deutlich: Der Herr selbst ist König!

Jesus hat uns aber auch von der Fremdherrschaft Satans befreit. Er hat Satan den Kopf zertreten. Satan darf uns nicht mehr durch Gesetzlichkeit, Schwärmerei oder andere Formen, etwa das Machtstreben der Zeloten, knechten.

Schließlich hat Jesus die Fremdherrschaft des Römischen Reiches von innen her zerstört. Das Kreuz hat das Römische Reich überwunden. Es hat Jahrhunderte gedauert, aber von innen her ist dieses heidnische Reich immer mehr für die Botschaft Christi gewonnen worden. Nicht nur Sklaven wurden Christen, sondern auch Soldaten, Kaufleute und einflussreiche Männer.

7. *Ein Licht für die Heiden*

Schon der Beginn des Lebensweges Jesu macht zeichenhaft deutlich, dass Jesus auch zum Licht der Heiden wird.

Die Weisen kommen aus dem Morgenland und beten Jesus als den Judenkönig an, denn sie „haben seinen Stern gesehen". Dieser Stern, das Licht der Heiden, führt zu Jesus hin. Schon als Säugling muss Jesus mit seinen Eltern nach Ägypten fliehen. Auch das ist eine Zeichenhandlung: Jesu Heil wird auch zu den Heiden gebracht werden.

Im Missionsbefehl Jesu bricht dann schließlich das Licht für die Heiden endgültig an. Das Wort Christi, das Evangelium, die Botschaft der Befreiung durch Jesu Kreuz soll alle Völker der Welt erreichen – das ist Licht, das herausholt aus der Dunkelheit.

In seinem großen Paulus-Oratorium nimmt Mendelssohn-Bartholdy den Text aus Jesaja 60 auf, der wunderbar zum Weg der Mission passt: „Finsternis bedeckt das Land."Ja, Dunkelheit liegt über der Welt, aber das Licht kommt!

Schlussfolgerung

Die Ausführung dieser sieben Grundgedanken lässt uns verstehen, dass die jüdischen Feste auch in ihrer Tradition eng mit dem Christentum verbunden sind. Jesus lässt sein Volk nicht zur Ruhe kommen, und wenn Israel sich bekehrt, werden die Juden in der Tiefe erfassen, was diese Verbundenheit bedeutet: die Verbundenheit durch die ganze jüdische Leidensgeschichte, die im Grunde genommen nichts anderes ist als die Geschichte Jesu, seine Leidensgeschichte. Je gründlicher wir uns mit diesen jüdischen Festen beschäftigen wie auch mit dem Alten Testament im Ganzen, desto genauer sehen wir, dass Jesus sich ständig seinem erstgeliebten Volk bezeugt. Es wird ein ungeheures Geschenk für die Welt sein, wenn die Juden „ihn annehmen, den sie durchbohrt haben". Dann fängt das Tausendjährige Friedensreich an, und mit Vollmacht des Wortes und der Erkenntnis werden die getauften Juden diese Welt missionieren.

Eine kleine Nachbemerkung: Geschenke

Wir assoziieren Weihnachten mit Geschenken, leider. Es ist aber nicht ganz und gar unbiblisch. Zunächst einmal: Wir sind Beschenkte durch die Geburt Jesu. Das ist das Zentrum. Aber der biblische Hintergrund der Geschenke reicht noch weiter: Die Weisen geben dem Christuskind Geschenke. So ist die richtige Reihenfolge: Erst wird man *beschenkt* von Christus, dann wird man selber zum Schenkenden. Die Geschenke der Weisen – Gold, Weihrauch und Myrrhe – haben bekanntlich mit Jesus als dem König, dem Priester und dem Heiland zu tun.

Es ist aber bekannt, dass in Israel das Fest, an dem Geschenke gemacht werden, auch Chanukka ist. Hier wird das Geschenk Gottes gefeiert, die politische und religiöse Befreiung, die er seinem Volk gab als kleine Vordeutung auf die Zeit, wenn der Messias kommen wird, um Israel von den fremden Völkern zu befreien. Dann werden die Fremden nach Israel pilgern. Acht Tage lang teilt man unter den Juden jeden Abend Geschenke aus, vor allem beschenken die Eltern ihre Kinder. Denn das Fest dauert des Lichtwunders und der Beschneidung wegen acht Tage lang.

Zur Zeit des Neuen Testamentes hatte die Beschneidung ja auch noch eine ganz andere Bedeutung als heute. Die Juden pochten darauf: „Wir sind die Erwählten Gottes. Das Zeichen der Zugehörigkeit zum Bundesvolk tragen wir an unserem Leibe." Die Beschneidung allein jedoch bringt niemanden ins Himmelreich, aber sie hat im jüdischen Volk das Wissen wachgehalten, dass dieses Volk durch alle Zeiten hindurch das Leidensvolk Gottes bleibt.

Lobgesänge „israelitischer" Frauen

Sie alle haben schon irgendwann einmal Bilder der Verkündigung der Geburt Jesu gesehen, als der Engel Gabriel zu Maria kommt und ihr mitteilt, dass sie Jesus, unseren Heiland, gebären wird. Wenn Sie sich an diese Bilder erinnern, vor allem an diejenigen aus mittelalterlicher Zeit, können Sie eines beobachten: Maria ist immer in einem Raum. Der Engel kommt zu ihr herein und sie ist dabei, ein Buch zu lesen. Das Buch, das sie liest, ist natürlich Gottes Wort. Selbstverständlich haben die jüdischen Rabbiner großen Anstoß an diesem Bild genommen, denn sie haben gesagt, die Frauen in Israel zu Marias Zeit konnten nicht hebräisch lesen. Wie soll sie dann ein Buch bei sich gehabt haben, um Gottes Wort zu lesen? Ich möchte heute den Beweis geben, dass Maria tatsächlich hebräisch lesen konnte, oder inwendig konnte, und dass sie ein Buch bei sich gehabt hat, und zwar die jüdische Bibel, das Alte Testament. Denn das Magnifikat Marias, welches wir aus dem Lukasevangelium kennen, hat einen alttestamentlichen Hintergrund, und zwar einen dreifachen. Betrachten wir die Lobgesänge der Mirjam – Moses Schwester –, der Debora – der großen Richterin – und der Hanna – der Mutter des Samuel: Alle drei Lobgesänge zeigen den Weg zu Marias Magnifikat. Marias Loblied ist nicht plötzlich aus dem Nichts entstanden. Alles, was im Neuen Testament steht, hat einen alttestamentlichen Hintergrund, und dieser Lobgesang Marias hat einen tiefen und dreifachen Hintergrund:

Der erste Lobgesang, der Mirjams, ist sehr kurz. Der zweite, Deboras Lobgesang, ist sehr lang; und der dritte, Hannas Lied, trägt sehr ähnliche Züge wie das Magnifikat.

Zum rechten Verständnis des Magnifikats muss man dessen Entwicklung betrachten. Ich lese *Mirjams* Lied aus 2. Mose 15,20.21:

Da nahm Mirjam, die Prophetin, Aarons Schwester, eine Pauke in ihre Hand, und alle Frauen folgten ihr nach mit Pauken im Reigen. Und Mirjam sang ihnen vor: Lasst uns dem Herrn singen, denn er hat eine herrliche Tat getan, Ross und Mann hat er ins Meer gestürzt.

Es ist ein sehr kurzes, aber sehr treffendes Lied und der Anfang des Weges zu dem endgültigen Loblied, Marias Magnifikat. Nebenbei bemerkt, das Wort Maria kommt von Mirjam. Mirjam und Maria sind verwandte Namen. Maria ist eine moderne Abwandlung des alten Namens Mirjam.

1. In diesem Lied nach der großen Errettung am Roten Meer sehen wir folgende Eigenschaften: Erstens, es ist sehr kurz. Zweitens, es steht im Schatten eines Liedes, das ein Mann gesungen hat. Wer wird das sein? Mose, Mirjams jüngerer Bruder.
2. Dieses Lied ist ein Kriegslied. Es wird von Kriegs-

35

tanz, Pauken und Reigen begleitet, um dem Herrn zu singen. Es ist ein Lied über Gottes Sieg. So ist auch das Magnifikat ein Lied über Gottes Sieg, aber auf ganz andere Art und Weise.

3. Dieses Lied besingt den Herrn als Sieger über Israels Feinde. Er hat Ross und Mann ins Meer geworfen.

Jetzt gehen wir einen Schritt weiter zu Richter 5. Dies ist ein sehr langer Text, der in seiner Aussage eine sehr deutliche Entwicklung zeigt; auch er stammt von einer Frau.

Richter 5 – *Deboras* Siegeslied:

Da sangen Debora und Barak, der Sohn Abinoams, zu jener Zeit: Lobet den Herrn, dass man sich in Israel zum Kampf rüstete und das Volk willig dazu gewesen ist. Höret zu, ihr Könige, und merket auf, ihr Fürsten! Ich will singen, dem Herrn will ich singen, dem Herrn, dem Gott Israels, will ich spielen.

Herr, als du von Seir auszogst und einhergingst vom Gefilde Edoms, da erzitterte die Erde, der Himmel troff, und die Wolken troffen von Wasser. Die Berge wankten vor dem Herrn, der Sinai vor dem Herrn, dem Gott Israels.

Zu den Zeiten Schamgars, des Sohnes Anats, zu den Zeiten Jaëls waren verlassen die Wege, und die da auf Straßen gehen sollten, die wanderten auf ungebahnten

Wegen. *Still war's bei den Bauern, ja still in Israel, bis du, Debora, aufstandest, eine Mutter in Israel.* Man erwählte sich neue Götter; es gab kein Brot in den Toren. *Es war kein Schild noch Speer unter vierzigtausend in Israel zu sehen.*

Mein Herz ist mit den Gebietern Israels, mit denen, die willig waren unter dem Volk. Lobet den Herrn! *Die ihr auf weißen Eselinnen reitet, die ihr auf Teppichen sitzet und die ihr auf dem Wege geht: Singet! Horch, wie sie jubeln zwischen den Tränkrinnen!* Da sage man von der Gerechtigkeit des Herrn, von der Gerechtigkeit an seinen Bauern in Israel, als des Herrn Volk herabzog zu den Toren. *Auf, auf Debora! Auf, auf und singe ein Lied! Mach dich auf, Barak, und fange, die dich fingen, du Sohn Abinoams!*

Da zog herab, was übrig war von Herrlichen im Volk. Der Herr zog mit mir herab unter den Helden: Aus Ephraim zogen sie herab ins Tal (Ephraim, das große Kriegervolk im Norden) *und nach ihm Benjamin mit seinem Volk. Von Machir zogen Gebieter herab und von Sebulon, die den Führerstab halten, und die Fürsten in Issaschar mit Debora, wie Issaschar so Barak; ins Tal folgte er ihm auf dem Fuß. An Rubens Bächen überlegten sie lange. Warum saßest du zwischen den Sattelkörben, zu hören bei den Herden das Flötenspiel? An Rubens Bächen überlegten sie lange. Gilead blieb jenseits des Jordans. Und warum dient Dan auf fremden Schiffen? Asser saß am Ufer des Meeres und blieb ruhig in seinen Buchten. Sebulons Volk aber wagte sein Le-*

ben in den Tod, Naftali auch auf der Höhe des Gefildes.

Könige kamen und stritten; damals stritten die Könige Kanaans zu Taanach am Wasser Megiddos (Harmagedon), aber Silber gewannen sie dabei nicht. Vom Himmel her kämpften die Sterne, von ihren Bahnen stritten sie wider Sisera. Der Bach Kischon riss sie hinweg, der uralte Bach, der Bach Kischon. Tritt einher, meine Seele, mit Kraft! Da stampften die Hufe der Rosse, ein Jagen ihrer mächtigen Renner.

Fluchet der Stadt Meros, sprach der Engel des Herrn, fluchet, fluchet ihren Bürgern, dass sie nicht kamen dem Herrn zu Hilfe, zu Hilfe dem Herrn unter den Helden! Gepriesen sei unter den Frauen Jaël, das Weib Hebers, des Keniters; gepriesen sei sie im Zelt unter den Frauen! Milch gab sie, als er Wasser forderte, Sahne reichte sie dar in einer herrlichen Schale. Sie griff mit ihrer Hand den Pflock und mit ihrer Rechten den Schmiedehammer und zerschlug Siseras Haupt und zermalmte und durchbohrte seine Schläfe. Zu ihren Füßen krümmte er sich, fiel nieder und lag da. Er krümmte sich, fiel nieder zu ihren Füßen; wie er sich krümmte, so lag er erschlagen da.

Die Mutter Siseras spähte zum Fenster hinaus und klagte durchs Gitter: Warum zögert sein Wagen, dass er nicht kommt? Warum säumen die Hufe seiner Rosse? Die weisesten unter ihren Fürstinnen antworten, und sie selbst wiederholt ihre Worte: Sie werden wohl Beute finden und verteilen, ein Weib, zwei Weiber für jeden Mann, und für Sisera bunte gestickte Kleider *zur Beute, gewirkte bunte Tücher um den Hals als Beute.*

So sollen umkommen, Herr, alle deine Feinde! Die ihn aber liebhaben, sollen sein, wie die Sonne aufgeht in ihrer Pracht!

Und das Land hatte Ruhe vierzig Jahre.

Ja, man fragt: Was haben obige Worte mit dem Magnifikat zu tun? Sehr viel. Was ich hier zeigen will, sind die Wege zum Neuen Testament: Dass man das Neue Testament verstehen kann aus einem alttestamentlichen Hintergrund heraus. Dass wir dem Herrn, wie Debora sagt, ein *neues* Lied singen, das zwar ein uraltes Lied ist, das wir längst vergessen haben. Wenn wir das neu lernen, werden wir unseren Herrn und Heiland neu kennenlernen.

1. Es fällt sofort auf, dass dieses Lied viel länger ist als das Mirjams. Es ist weitaus das längste dieser drei Loblieder.

2. Mirjam sang im Schatten von Mose. Debora singt mit Vollmacht. Barak, der Mann, steht im Hintergrund. Sie tritt hervor, wie die Frauen im Neuen Testament hervortreten werden, die drei Marias vor allem.

3. Wie bei Mirjam ist es ein Kriegslied, ein Lied vom Sieg. Diese Lieder sind alle Siegeslieder, alle haben es mit Sieg zu tun – Sieg des Herrn –, aber nicht alle sind Kriegslieder. Es wird mit Pauken gespielt und dazu getanzt. Alle Kriegslieder werden mit Musik begleitet.

Wir sehen den Gott Israels hier als einen kämpfenden Gott. Ein Bild, das wir niemals vergessen sollten, denn das ist der Weg, den er gehen wird, wenn er wiederkommt als kämpfender Gott, als streitender Gott.

4. Im Mittelpunkt steht hier aber die Teilung des Volkes. Haben Sie das bemerkt? Debora verteilt Noten an die Stämme Israels: Welche waren willig zu kämpfen, welche haben sich verweilt, welche waren langsam, welche befanden sich auf anderen Schiffen und fremden Wegen? Das bedeutet: Es war eine Spaltung unter dem Volk. Die einen waren bereit, für den Herrn zu kämpfen, die anderen nicht. Dieser Zug ist äußerst modern, denn es gibt im Christentum auch eine Spaltung. Wer unter uns ist wirklich bereit, ganz und gar mit Jesus zu gehen, in seinen heiligen Krieg, den Krieg des Glaubens und der Kreuzesliebe – und wer ist nicht mehr willig mitzumachen? Letztere sind die, die verweilen bei ihren eigenen Lustgedanken oder Sicherheitserwägungen oder, wie das heute so ist, die von Hetze getrieben werden. Das Volk ist gespalten. So ist es auch bei uns. Dieses Lied ist sehr modern.

5. Modern und auch tief biblisch-historisch ist dieser geschichtliche Überblick über ein Geschehen. Jede wahre biblische Predigt ist eine historische Predigt. Schauen Sie die biblischen Predigten an, angefangen bei Mose bis hin zu Stephanus – teilweise finden wir auch in den Psalmen Predigten: Alle diese Predigten, alle diese Lobgesänge reden von Gottes Wundertaten. Ein geschichtlicher Abriss wird hier gegeben. Der

nächste Schritt nach dem Historischen ist das Persönliche. Es geht um einen Überblick über Gottes Heil mit seinem Volk. Aber es geht auch um ein persönliches Zeugnis: Dieser Gott ist mein Erlöser. Wer nur bei dem Historischen bleibt, erreicht nicht die letzte Tiefe. Es muss vom Historischen zum Persönlichen übergehen. Und gerade das ist die Entwicklung dieser Lobgesänge. Mirjam und Debora bleiben vor allem auf dem historischen Niveau, einem historischen Umriss von Gottes Wirken. Hanna und Maria reden zutiefst persönlich und historisch zugleich. Die historische Anerkennung und die Verkündigung dessen, was der Herr hat geschehen lassen, aber gleichzeitig die Frage: „Was bedeutet das für mich persönlich?", das ist wahre Predigt, das ist Lobgesang!

6. Im Vergleich zu Mirjams Lobgesang ist auch interessant – das ist eine Tradition hier –, dass bei Debora Mirjams Machtvorstellung von Gott erweitert wird: Die Erde zittert, die Berge wanken, sogar der Kosmos, die Sterne kämpfen mit. Diese Züge gibt es in keinem anderen der vier Lobgesänge, auch nicht bei Maria. Das bedeutet, wir müssen diese vier zusammennehmen, um eine gesamte Einheit der Lobgesänge der Frauen Israels zu bekommen. Nur so sagen sie alles. Marias Magnifikat und die anderen drei Lobgesänge gehören zusammen. Hier sind Züge, die bei Maria nicht zu finden sind, wobei vieles, was Maria in ihrem Lied sagt, hier nicht zu finden ist. Vier Zeugen – vier bedeutet in der Bibel „umfassend". Die vier Himmelsrichtungen – vier Frauen: Mirjam, De-

bora, Hanna und zuletzt und am tiefgründigsten Maria.

7. Hier bringt Debora auch einen ganz neuen Zug, Gottes Gerechtigkeit, und zwar auch für die Bauern, für die Armen. Das bedeutet, wenn sie in den Krieg gehen, dann haben sie genug zu essen. Und hier werden zwei zentrale Aspekte des Gottes Israels miteinander verbunden: Gott als der gerechte Gott und als der Gott des Lebens. Die Betonung im Blick auf die Bauern zielt auf das Problem der Nahrung: genug zu essen, *Leben*; und gleichzeitig *Gerechtigkeit* für das Volk. Beides beinhaltet die Thora, das Heiligste in Israel. In der Thora geht es um die Gerechtigkeit Gottes, das sogenannte Gesetz, und das fängt an mit dem Schöpfungsbericht, mit dem Leben.

8. Hier wird es eine Beute für Israel geben. Dieses Kriegsbild, eine Beute für Israel, nimmt neue Formen an in den messianischen Verheißungen. In der zentralen Verheißung, Jesaja 9, sind wir, seine Gläubigen, Gottes Kriegsbeute. Das bedeutet, wir gehören ihm. Hier aber in Richter 5 ist der Feind die Beute für Israel. Das bedeutet, bestimmte Aussagen entwickeln sich und nehmen neue Formen an; gerade dieses Bild der Beute. Jesaja 9: Wir sind die Beute Gottes, er nimmt uns. Oder das Bild von den Menschenfischern: Sie fangen ihre Beute im Netz; die „Gefangenen" sind jene, die dann dem Herrn angehören, von ihm festgehalten sind und nicht freikommen werden. Die Vorstufe dazu ist, im negativen Sinn, im Bild der Feinde als Beute für Israel gegeben. Im Bild von den Men-

schenfischern wird es dann eine positive Form annehmen. Nehmen wir zum Beispiel die Plagen. Bei der
ersten Plage in Ägyptenland handelt es sich um Wasser, das in Blut verwandelt wird. Das ist Zerstörung.
Aber dann nimmt Jesus die gleiche Form bei der
Hochzeit zu Kana, er verwandelt Wasser in Wein, und
das ist eine Vorstufe zu seinem Abendmahl. Das ist der
Weg, die Bilder und Motive der Bibel zu lesen, die immer wieder neue Formen und Richtungen annehmen,
bis sie dann endgültig offenbart sind in Jesus Christus.

9. Hier ist Zielsetzung, dass der Feind gerichtet ist
und Israel errettet wird. So wird es am Ende der Tage
sein, wenn Jesus kämpft für Israel. In dieser Hinsicht
ist dieses Lied hochmodern. Der Feind Israels wird
gerichtet, wie das deutlich in der messianischen Erwartung steht (Hes. 38,39; Sach. 12,14). Israel wird errettet. Zuerst wird die Gemeinde entrückt und dann
wird Israel getauft und errettet.

10. Und dann dieser wunderbare Schluss! Alle dieser Lieder haben einen wunderbaren Schluss. Der
Höhepunkt in allen diesen Liedern ist gerade der letzte Satz. Das ist typisch hebräisch. Alles führt zum
Ende hin.

„Die ihn aber liebhaben, sollen sein, wie die Sonne
aufgeht in ihrer Pracht!" Das bedeutet, neuer Anfang,
neue Klarheit, eine Vorstufe neuen Lebens, hin zur
Auferstehung. Die den Gott Israels liebhaben, werden
aufgehen wie die Sonne in ihrer Pracht. Kennen Sie
Grünewalds berühmtes Bild vom auferstandenen Jesus? – Licht! Alles ist in Licht getaucht. Und gerade

hier ist die Vorstufe dazu: Wie die Sonne aufgeht in ihrer Pracht ... die, die den Herrn liebhaben. Und der große Liebhaber des Herrn, das ist sein Sohn, unser Überwinder, Jesus Christus. Er geht auf, wie die Sonne in ihrer Pracht. Das ist die Vorstufe zu diesem Bild von Grünewald, der Weg geht zur Auferstehung.

11. Und dann herrsch 40 Jahre lang Ruhe. Das bedeutet eine Zeit des Heils; es ist ein allumfassender, historischer Zeitabschnitt. Der Herr hat Ruhe geschaffen. Das ist der Weg zu Jesaja 11, zum Tausendjährigen Friedensreich, nachdem Gott für Israel gekämpft hat, die Feinde besiegt sind und Israel getauft ist. Und dann wird Israel den Missionsauftrag ausführen an denen, die übriggeblieben sind. Es werden Ruhe und Frieden herrschen – Schalom. So können wir hier im Blick auf die 40 Jahre, in denen das Land Ruhe hatte, eine Vorstufe dieses kommenden Friedensreiches sehen. Vierzig Jahre – ein voller Abschnitt –, wie die 40 Jahre in der Wüste oder die 40 Tage der Versuchung, die 40 Tage der Sintflut, die 40 Jahre, die König David regiert hat – das läuft durch die ganze Bibel.

Gehen wir einen Schritt weiter zu *Hanna*.

Nachdem Hanna ein Kind bekommen hat, Samuel, singt sie ihren Lobgesang (1. Samuel 2,1-11): *Und Hanna betete und sprach: Mein Herz ist fröhlich in dem Herrn, mein Haupt ist erhöht in dem Herrn. Mein Mund hat sich weit aufgetan wider meine Fein-*

de, denn ich freue mich deines Heils. Es ist niemand heilig wie der Herr, außer dir ist keiner, und ist kein Fels, wie unser Gott ist. Lasst euer großes Rühmen und Trotzen, freches Reden gehe nicht aus eurem Munde; denn der Herr ist ein Gott, der es merkt, und von ihm werden Taten gewogen. Der Bogen der Starken ist zerbrochen, und die Schwachen sind umgürtet mit Stärke. Die da satt waren, müssen um Brot dienen, und die Hunger litten, hungert nicht mehr. Die Unfruchtbare hat sieben geboren, und die viele Kinder hatte, welkt dahin. Der Herr tötet und macht lebendig, führt hinab zu den Toten und wieder herauf. Der Herr macht arm und macht reich; er erniedrigt und erhöht. Er hebt auf den Dürftigen aus dem Staub und erhöht den Armen aus der Asche, dass er ihn setze unter die Fürsten und den Thron der Ehre erben lasse. Denn der Welt Grundfesten sind des Herrn, und er hat die Erde darauf gesetzt. Er wird behüten die Füße seiner Heiligen, aber die Gottlosen sollen zunichte werden in Finsternis; denn viel Macht hilft doch niemand. Die mit dem Herrn hadern, sollen zugrunde gehen. Der Höchste im Himmel wird sie zerschmettern, der Herr wird richten der Welt Enden. Er wird Macht geben seinem Könige und erhöhen das Haupt seines Gesalbten. Und Elkana ging heim nach Rama in sein Haus; der Knabe aber war des Herrn Diener vor dem Priester Eli.

Was wir hier sehen, und ich nehme das Beispiel für alles in der Bibel, ist eine Entwicklung der Wege Gottes. Alles, was er zeigt, ist wahr, aber er zeigt uns diesen Weg Schritt für Schritt, bis alles dann endgültig offenbart ist in Jesus Christus. Aber der Weg, diesen Jesus zu verstehen, geht gerade über diese schrittweise Offenbarung. Wenn wir zurückgehen zu dieser Quelle, dann verstehen wir Jesus ganz – so gut, wie wir das als Menschen eben können. Welchen Beweis habe ich dafür? Jesus selbst. Nehmen wir die Emmaus-Jünger, denen Jesus sein eigenes Kreuz auslegte. Er redet unterwegs nur vom Gesetz, von den Propheten und den anderen Büchern des Alten Testaments. Das ist vorbildlich für uns. Das ist der Weg, Jesus Christus zu verstehen, wie er sich selbst verstanden hat. Erst dann können wir das Neue Testament verstehen. Und gerade die Tatsache, dass wir das Neue Testament oft so weltlich verstehen, so oberflächlich geprägt vom Weltgeschehen, zeigt, wie wenig wir das Alte Testament richtig begreifen. Das ist der wahren Weg gegen die moderne, verflachte Theologie: Kehrt zurück, kehrt um! Mein Ruf ist ein Ruf zur Umkehr zum Alten Testament, um Jesus wahrhaftig und in der Tiefe zu verstehen, wie er sich selbst verstanden hat. Dann, und nur dann allein, können wir das Neue Testament verstehen. Unser Thema ist ein Beispiel dafür – Hanna. Was ist der Hintergrund dieser Geschichte? Hanna hatte kein Kind.

Wenn man über die Jungfrau Maria redet, lachen manche Leute darüber. Wer die Jungfrauengeburt nicht anerkennt, kann die ganze Bibel wegwerfen, denn hier begegnet uns eine weit zurückreichende Tradition. Jungfrau Maria, das bedeutet: Hier findet sich eine lange alttestamentliche Linie, bei der sichtbar wird, dass Gott über der Biologie steht, dass er hier Wunder tut, weil er der Herr des Lebens ist. Die erste, die darüber geschmunzelt hat, war keine andere als Sara, die Frau Abrahams. Als die drei Männer kamen, die drei Engel, und dem alten Abraham erzählten, dass er ein Kind bekommen würde, war Sara in ihrem Zelt – und, neugierig, wie Frauen damals schon waren, hat sie genau gelauscht, was gesagt wird. Nachdem Sara die Rede: „Ich will wieder zu dir kommen übers Jahr, siehe, dann soll Sara, deine Frau, einen Sohn haben", gehört hatte, fing sie an zu schmunzeln und zu lachen – „Was, ich soll schwanger werden? Ich bin doch alt genug, um eine Urgroßmutter zu sein!" Und der Herr gab Sara und Abraham einen Sohn, Isaak. Dies war der erste Schritt, und er geht dann über Rahel, über Hanna – hin zur altgewordenen Elisabeth, die unfruchtbar war. Der Anfang des Neuen Testaments geht zurück zu Sara, zurück zu diesem alten Bild. Das wird dann noch überboten bei Jesus Christus, der nicht von einer sehr alten Frau geboren wurde, sondern hier ist das Wunder noch intensiver und gesteigert. Der Vater des Kindes Jesu ist der Heilige Geist selbst, der Maria überschattet. Ein wunderschönes Bild: Maria wird überschattet und schwanger mit der Fruchtbarkeit Gottes, des lebendigen Gottes Israels. Hannas Geschichte ist eine Vorstufe, die natürlich den Gipfel der Entwicklung in Jesaja 7 erreicht, wo steht: „Siehe, die Jungfrau ist schwanger und wird einen Sohn gebären." Diese Verbindung von Hanna zu Maria ist sehr interessant. Hanna gebar Samuel; Samuel war der Vorläufer von David und hat diesen zum König gesalbt. Und wir sehen, wie Zacharias und seine Frau Elisabeth, die sehr alt waren, auch ein Wunder erlebten. Elisabeth wurde schwanger und gebar Johannes, der Jesus getauft hat – wie Samuel David gesalbt hat. Und Jesus ist der Sohn Davids. Es besteht hier eine direkte historische Verbindung. Hanna war unfruchtbar. Durch ein Wunder, durch Gebet, bekam sie dann ein Kind. Dieses Kind salbte David, man kann sagen, den Inbegriff eines wahrhaftigen Königs Israels, den gerechten König David. Und die Frau des Zacharias, Elisabeth, war zu alt, um ein Kind zu bekommen. Aber sie gebar dann Johannes, den Vorläufer Jesu, des Sohnes David. Er hat dann Jesus getauft. Das ist kein Zufall, gar nichts ist Zufall.

Vers 1:
Und Hanna betete und sprach: Mein Herz ist fröhlich in dem Herrn, mein Haupt ist erhöht in dem Herrn. Mein Mund hat sich weit aufgetan wider meine Feinde, denn ich freue mich deines Heils.
Betrachten wir den Anfang des Magnifikats und vergleichen ihn mit obigem Vers: *Meine Seele erhebt den Herrn ...*

Und im Lobgesang der Hanna steht: *Mein Haupt ist erhöht in dem Herrn.*

Fast der gleiche Wortlaut, nicht wahr.

... und mein Geist freut sich Gottes, meines Heilandes.

Und Hanna sagt: *Mein Mund hat sich weit aufgetan wider meine Feinde, denn ich freue mich deines Heils.* Bemerken Sie die Ähnlichkeit bis in den Wortlaut hinein? Dieses Erheben, dieses Freuen, diese Beziehung zu Heil und Heiland! Maria hatte ein Buch vor sich, als der Engel kam, und dieses Buch war die Bibel. Sie hat dieses Lied der Hanna sehr genau gekannt. Hier ist der Weg bei Hanna zum Persönlichen. Der Alte Bund ist ein kollektiver Bund: „Höre, Israel, der Herr ist unser Gott, der Herr allein." Das ist kein persönliches Bekenntnis. Der Neue Bund ist ein persönlicher Bund. Jesus rief einzelne Menschen zu sich, und unser Glaubensbekenntnis fängt an mit „Ich". In den ersten zwei Lobgesängen, die wir gelesen haben, geht es um Israel, wie Gott in diesem kollektiven Bund wirkt. Aber Hanna redet persönlich. Und gerade dies, nämlich das persönliche Heil, nicht das Heil des ganzen Volkes, ist der Weg zum Neuen Bund und zum Verständnis des Neuen Bundes. Diese Entwicklung sehen wir hier sehr deutlich. Bei Mirjam und bei Debora geht es immer um das Volk, das Volk findet Heil. Bei Hanna geht es um eine Person, um sie selbst und ihre Beziehung zum Heil, das der Herr schenkt. Dieser Weg geht deutlich vorwärts zum Neuen Bund, denn der Neue Bund ist ein persönlicher Bund, nicht ein völkischer. Unser Glaubensbekenntnis fängt an mit „Ich"; es heißt nicht: „Höre, Israel, der Herr ist unser Gott", sondern: „Ich glaube an Gott, den Vater" – persönliches Heil auf dem Weg zu Jesus und zum Neuen Bund.

Vers 2:

Es ist niemand heilig wie der Herr, außer dir ist keiner, und ist kein Fels, wie unser Gott ist.

Hier steht: Gott allein ist Gott – niemand ist heilig wie der Herr, keiner; es ist kein Fels außer ihm. Hanna kommt zu einer grundsätzlichen Aussage über Gott. Mirjams Aussage über Gott ist: Gott des Kampfes, Herr Zebaoth, der kämpfende Gott. Debora erweitert diese Bezeichnungen: Gott des Kampfes und Gott der Gerechtigkeit. Hanna geht einen Schritt weiter: Er ist allein der Herr. Das bedeutet, seine Herrschaft erstreckt sich als Ganzes. Zwar hat das Debora sogar kosmisch gedeutet, aber sie deutet das für diesen und jenen Bereich. Hier wird das aber nicht für diesen oder jenen Bereich gedeutet, sondern als *allgemein* wahr: „Es ist niemand heilig wie der Herr, außer dir ist keiner, und ist kein Fels, wie unser Gott ist." Hier ist eine genaue Glaubensaussage, die den Herrn in seiner Ganzheit betrifft, nicht den Herrn als Kämpfer, nicht den Herrn als Gerechtigkeit, nicht den Herrn des Kosmos. Das sind Attribute, die seine Macht zeigen. Hier kommt Hanna zu der direkten Erkenntnis: Gott ist Gott, und es ist keiner außer ihm. Das muss richtig verstanden werden, das ist eine Entwicklung. Es bedeutet einiges zu sagen: „Er ist der Herr des Kampfes, er ist der Herr der Gerechtigkeit, sogar der Herr des Kosmos." – Aber es ist etwas anderes zu sagen: „Es gibt keinen Gott außer ihm, er allein ist Gott!" Dies bedeutet: allumfassend in jeder Hinsicht, bis ins Persönliche hinein. Hier ist eine Entwicklung, die über Mirjam und Debora geht.

Vers 3:

Lasst euer großes Rühmen und Trotzen, freches Reden gehe nicht aus eurem Munde; denn der Herr ist ein Gott, der es merkt, und von ihm werden Taten gewogen.

Hier geht es um Gottes Gerechtigkeit, aber in der Art und Weise – es geht um Worte –, dass Gott alles überschaut, alles durchschaut, dass er Einblick hat in unsere Wege, unsere Taten und unsere Worte. Und das führt hin zu dieser wunderbaren Aussage: „Der Herr aber sieht das Herz an." Dieses Wort steht gerade in Verbindung mit Hannas Sohn geschrieben. Als Samuel einen von Isais Söhnen zum König salben soll, denkt er, dass der starke Eliab der richtige sei – und Gott sagt: „Nein." Der Herr allein sieht in unsere Herzen. Das hier ist eine Vorstufe zu dieser sehr tiefen Erkenntnis. Er kennt unsere Taten, unsere Worte und merkt darauf, er kennt uns bis in die tiefsten Tiefen unseres Herzens hinein.

Vers 4:

Der Bogen der Starken ist zerbrochen, und die Schwachen sind umgürtet mit Stärke.

Hier begegnet uns Neues Testament. Es könnte nichts neutestamentlicher sein als das. „Der Bogen der Starken ist zerbrochen, und die Schwachen sind umgürtet mit Stärke." Die Umkehrung der Werte, wie man das von den alten Predigern gut kennt, wird sichtbar am Kreuz. Jesus zeigt seine Stärke in absoluter Schwachheit. Auch bei seiner Geburt in einem Stall in Bethlehem wird dies deutlich. Die Stärke in den Schwachen – „Meine Kraft ist in den Schwachen mächtig." Und was sagt Jesus in den Seligpreisungen? Er redet von jenen, die diese Schwachheit oder diese Armut bis in den Geist hinein erleben. Und das ist hier gemeint. Die, die erniedrigt sind, werden erhöht, und die, die erhöht sind, werden erniedrigt. Das ist die Botschaft des Neuen Testamentes. Und das steht hier sehr deutlich geschrieben im Alten Testament: „Der Bogen der Starken ist zerbrochen, und die Schwachen sind umgürtet mit Stärke." Das klingt ganz anders als bei Mirjam und Debora, bei denen es um Stärke im Kampf, im Krieg geht. Hier geht es um einen Friedenskönig, der in Schwachheit mächtig sein wird. Das alles ist eine Vordeutung auf Jesus und ein Weg hin zu Marias Magnifikat. Würden wir nur diesen Vers lesen, würden wir sofort denken, dass er im Neuen Testament steht. Er klingt so neutestamentlich wie nur möglich, aber diese Worte stehen im Alten Testament.

Vers 5:
Die da satt waren, müssen um Brot dienen, und die Hunger litten, hungert nicht mehr. Die Unfruchtbare hat sieben geboren (7 bedeutet die Schöpfungszahl Gottes, vollendete Zahl), *und die viele Kinder hatte, welkt dahin.*

Hanna wird ausgelacht von ihrer Nachbarin, weil sie kein Kind bekommen kann. Sie nimmt das Problem der Brotlosen und der Hungernden von Debora und erweitert diesen Begriff zur Fruchtlosigkeit,

Unfruchtbarkeit. Bei Debora geht es um Brot für die Bauern, für die Armen. Hier geht es bis zur letzten Tiefe der Probleme des Lebens, dahin, dass es Leben überhaupt geben kann. Die Unfruchtbaren werden Kinder kriegen, und die, die Kinder hatten, werden dahinwelken. Und sie redet natürlich persönlich, aus Dank, dass der Herr ihr Gebet erhört hat und sie ein Kind, ein sehr besonderes Kind bekommen wird, diesen Samuel. Diese wunderbare Geburt hat so viel gemeinsam mit der wunderbaren Geburt des Johannes durch Elisabeth. Das ist Vorbereitung für den Weg des Herrn: über Samuel/David und dann von Johannes zu Jesus. Hier geht es nicht nur um Brotlosigkeit und Hunger als Begriffe des Lebens, sondern hier wird das Zentrum getroffen. Um Leben zu haben, muss man Kinder haben. Und sie sagte: „Die Unfruchtbaren werden gebären, und die, die viele Kinder haben, denen viel gegeben ist, die werden verwelken." Das bedeutet, die Starken im Sinne der Frau, die viele Kinder hat, werden schwach; und die Schwachen, wie Hanna, werden stark sein. Das ist sehr tiefgründig.

Vers 6:
Der Herr tötet und macht lebendig, führt hinab zu den Toten und wieder herauf.

Das bedeutet, er ist Herr des Lebens und des Todes. „Er führt hinab zu den Toten und wieder herauf." Und er, Jesus Christus, wird von den Toten heraufgeführt in der Auferstehung. Jesus, du Sohn Davids –

und Samuel, der Sohn Hannas, salbt gerade diesen David zum König, von dem Maria und auch Josef abstammen. Das ist eine Vorstufe zur Auferstehung, die hier noch deutlicher wird als bei Debora, die sagt: „Die ihn aber liebhaben, sollen sein, wie die Sonne aufgeht in ihrer Pracht!" Auch in manchen Psalmen finden wir diese weiterreichende Vorstufe, zum Beispiel in Psalm 39. „Der Herr tötet und macht lebendig, führt hinab zu den Toten und wieder herauf."

Vers 7:
Der Herr macht arm und macht reich; er erniedrigt und erhöht.

Das ist eine Vertiefung und Verdeutlichung der Aussage, dass die, die erhöht sind, erniedrigt werden und die, die erniedrigt sind, erhöht werden.

Vers 8:
Er hebt auf den Dürftigen aus dem Staub und erhöht den Armen aus der Asche, dass er ihn setze unter die Fürsten und den Thron der Ehre erben lasse.

Die Armen werden hier gegenüber den Mächtigen erhoben. Bei Debora ist es das Volk, das erhoben wird. Hier geht es um die Armen, und das bedeutet hier auch im persönlichen Sinn, dass Hanna ein Kind bekommt und demzufolge dann nicht mehr erniedrigt wird. Aber hier geht es auch um Jesus Christus: „... dass er ihn setze unter die Fürsten und den Thron der Ehre erben lasse." Wer ist der wahre König in Israel? Herodes? Die reichen Sadduzäer in ihrer Pracht? Sind sie es wirklich, die die Macht haben? Oder ist es nicht dieses arme Kind, Jesus Christus? Und dieser Samuel, der einmalige Samuel im Alten Testament, Prophet, Priester und Richter zugleich, er salbt David als Kind zum König. Und David ist als Kind der mächtige König in Israel, der König im Geist, gegenüber dem bösen König Saul. Und aus dem Hause und Geschlecht dieses Davids kommt Jesus Christus, der wahre König Israels, geboren in Armut und Demut in einem Stall in Bethlehem.

Denn der Welt Grundfesten sind des Herrn, und er hat die Erde darauf gesetzt.
Bei Debora geht es um den Kosmos. Hier geht es weiter zu einer Gesamt-Welt-Aussage: „Der Welt Grundfesten sind des Herrn und er hat die Erde darauf gesetzt." Warum hier? Weil der, der in den Tod gehen und wieder heraufkommen wird aus dem Tod, der, der mächtig sein wird über die mächtigen Könige, der ganzen Welt Enden zu seinem Reich haben wird. Und das ist Jesus Christus. Dieses Loblied hat sehr viel mit Jesus zu tun, nicht nur das Magnifikat der Maria. Wann zeigt Jesus, dass die ganze Welt ihm gehört? Das zeigt er deutlich als Auferstandener, im Missionsbefehl. Und hier steht: „Der Welt Grundfesten sind des Herrn, und er hat die Erde darauf gesetzt." Die Aussagen über diesen, der Macht haben wird unter den Königen, der arm ist und dann Macht haben wird, der in den Tod gegangen ist und dann wieder aufersteht – sie haben mit Jesus zu tun.

Vers 9:

Er wird behüten die Füße seiner Heiligen, aber die Gottlosen sollen zunichte werden in Finsternis.

Das ist neutestamentlich, nicht alttestamentlich. Lasst uns keine Angst davor haben, auch die Worte von Gottes Gericht zu lesen. Es wird sich zwar nicht jeder von Gott retten lassen, aber die Errettung ist Angebot für jeden. Gott wird auch richten. Genau wie er bei Debora unter den Stämmen richtet, so wird er auch unter uns richten. Und wer nur Trost und Errettung predigt, predigt die Gemeinde ins Gericht. Wer nur Gericht predigt, weiß nichts von der Liebe Gottes. Gottes Wort ist immer Gericht und Gnade zugleich. Es richtet uns, damit wir durch Buße aufgerichtet werden und in der Freude des Herrn leben können. Durch den Herrn, durch Christus, werden wir hier schon gerichtet werden, und dann kommen wir nicht ins Endgericht.

„Er wird behüten die Füße seiner Heiligen ...“ Hier ist auch eine Vertiefung der Worte Deboras zu sehen: Hier geht es um die Heiligen Gottes, nicht um die Krieger; nicht um das ganze Volk, sondern um die Heiligen im Volk. Das ist neutestamentlich. „Heilig“ sind die, welche Gott gehören; es geht nicht ums ganze Volk. Der Alte Bund ist ein völkischer Bund, der Neue Bund ein persönlicher. Es geht um die, die dem Herrn wirklich gehören – hier wird Neues Testament deutlich sichtbar. Fast dieser ganze Psalm ist neutestamentlich. Es ist ein Psalm, nicht ein Psalm Davids, sondern ein Psalm Hannas, der Lobgesang einer Frau in einer großen und tiefen Tradition, die zum Magnifikat führt.

Denn viel Macht hilft doch niemand. Ein gutes Wort für uns heute. Viel äußerliche Macht hilft doch niemand. Es gibt Leute, die mit ihren teuren Kleidern, Häusern und Autos prangen und dadurch ihren Reichtum und ihre wirtschaftliche Macht demonstrieren. An meinem Wohnort habe ich ein altes, dreckiges Auto gefahren. Fast jeder fuhr einen Mercedes, ich habe damals ein altes und dreckiges Auto gefahren. Nicht nur, weil ich zu faul bin, das Auto zu putzen, sondern um ein Zeichen zu setzen gegenüber der oben erwähnten Demonstration von Reichtum und wirtschaftlicher Macht. An einem Auto ist mir nur wichtig, dass es fährt. Ich brauche keine äußeren, weltlichen Zeichen von Macht und Reichtum. Das wird uns alles genommen. Wir trachten nach Gottes Gerechtigkeit, nicht danach, Leute zu beeindrucken durch unsere schönen Kleider, Autos und Häuser usw. „Denn viel Macht hilft doch niemand" – jede Art von Macht ist damit gemeint. So steht es in Psalm 2, wie er der Heiden Herrscher zerschlagen wird, wenn er wiederkommt.

Vers 10:
Die mit dem Herrn hadern, sollen zugrunde gehen.
Wir dürfen mit ihm reden, ihn fragen. Aber „hadern" bedeutet, gegen ihn sein.
Der Höchste im Himmel wird sie zerschmettern, der Herr wird richten der Welt Enden.

Jesus! Er wird richten der Welt Enden.
Er wird Macht geben seinem Könige und erhöhen das Haupt seines Gesalbten.
Das Ziel deutlich auf den Messias: „Er wird Macht geben *seinem* Könige und erhöhen das Haupt seines Gesalbten." Jesus, der Christus, das bedeutet: der Gesalbte Gottes, der endgültige König Israels. Diese messianische Verheißung war Hanna gut bekannt. Zwar wird erst nach Hanna, bei David, gezeigt, dass er aus dem Hause und Geschlechte Davids kommt. Aber schon seit Abraham ist bekannt, dass diese Verheißung Israel gilt: „In dir sollen gesegnet werden alle Geschlechter auf Erden." Und sogar vor Abrahams Zeiten ist gesagt: „Einer wird kommen, der Schlange den Kopf zu zertreten." Und dass er aus dem Hause Juda kommen wird, war bekannt seit Jakobs Segen über Juda (1. Mose 49). Dieser Segen über Juda trägt auch teilweise Kreuzeszüge. Nebenbei bemerkt, Juda war der, der Josef verkauft hat und das dann wieder gutgemacht hat. Von ihm stammt Jesus ab. „Er wird Macht geben seinem Könige und erhöhen das Haupt seines Gesalbten." Das klingt für uns so deutlich messianisch, und es ist doch vor Davids Zeit gesungen, nämlich in der Zeit, bevor Hanna den Vorläufer Davids, Samuel, gebären soll.

Schlussfolgerung

Erstens: Zentral in diesem Lobgesang ist, dass Hanna vom Geschichtlichen zum persönlich Geschichtlichen geht. Es geht nicht nur um Gottes geschichtliche Wege mit dem Volk, sondern hier um den persönlichen Weg mit Hanna und dann um die persönlichen Wege bis hin zum Messias. Das ist der Weg zu Maria und dem Magnifikat, welches ein persönliches Zeugnis ist, eingebettet in den Rahmen der Geschichte des Gottes Israels.

Zweitens: Hanna erweitert die Grundaussagen von Mirjam und Debora zu grundsätzlichen Aussagen über Gottes Macht, Gottes Gerechtigkeit und Gottes Hilfe. Wir sehen im tiefsten Grunde jetzt viel besser, wie dieser Gott ist, im persönlichen Bereich wie in seinen Grundeigenschaften: seine Herrschaft über die ganze Welt, die persönliche Hilfe für die Armen, für die Menschen in Not.

Drittens: Bei Hanna sehen wir die Umkehrung der Werte. Das wurde mir links und rechts gepredigt von dem Pfarrer, der mich getauft hat. Er hat jeden zweiten Sonntag über die Umkehrung der Werte gepredigt, und das ist biblisch. In Jesus ist die Umkehrung der Werte. In Armut kam er, er starb in Schwachheit am Kreuz, deswegen ist das Kreuz ein Ärgernis und eine Torheit für die Menschen. Das ist eine Umkehrung der weltlichen Verhältnisse. Und so geht es bei Hanna: Die Niedrigen werden erhöht, die Armen werden reich und die Reichen werden arm.

Viertens: Der Krieg, den der Herr kämpft, wird zu endgültigem Frieden führen, nicht nur zu 40 Jahren Ruhe wie bei Debora. Der Bogen der Starken wird zerbrochen – und das ist die Wiederkunft Jesu. Hier sind sogar Züge, die mit dem Friedensreich Gottes zu tun haben. Vom endgültigen Zerbrechen des Bogens haben natürlich auch Jesaja (Jes. 2) und Micha gesprochen. Diese Linie führt bis zur Wiederkunft Jesu, der dann über schreckliches Kriegsgeschehen die Bogen zerbrechen wird, wenn er Israel Frieden geben wird und damit das Tausendjährige Friedensreich anbricht. Tatsache ist, dass wir in Hannas Loblied sehr, sehr deutlich den Weg zu Marias Magnifikat sehen. Es ist nicht möglich, dass Maria Hannas Lied nicht gekannt hat. Sie steht innerhalb einer Tradition (wie alles im Neuen Testament), die hier in Erfüllung geht – „Ich bin nicht gekommen aufzulösen, sondern zu erfüllen", sagt Jesus. Das ganze Neue Testament ist, wie Luther sagt, eine Erfüllung des Alten Testaments. Deshalb werden wir das Magnifikat Marias am allerbesten über diesen alttestamentlichen Hintergrund verstehen.

Das Magnifikat

Und Maria sprach: Meine Seele erhebt den Herrn, und mein Geist freut sich Gottes, meines Heilandes; denn er hat die Niedrigkeit seiner Magd angesehen. Siehe, von nun an werden mich selig preisen alle Kindeskinder. Denn er hat große Dinge an mir getan, der da mächtig ist und dessen Name heilig ist. Und seine Barmherzigkeit währt von Geschlecht zu Geschlecht bei denen, die ihn fürchten. Er übt Gewalt mit seinem Arm und zerstreut, die hoffärtig sind in ihres Herzens Sinn. Er stößt die Gewaltigen vom Thron und erhebt die Niedrigen. Die Hungrigen füllt er mit Gütern und lässt die Reichen leer ausgehen. Er gedenkt der Barmherzigkeit und hilft seinem Diener Israel auf, wie er geredet hat zu unseren Vätern, Abraham und seinen Kindern in Ewigkeit.
Und Maria blieb bei ihr etwa drei Monate; danach kehrte sie wieder heim.　　　　　　*Lukas 1, 46–56*

Dieses Magnifikat ist nicht plötzlich vorhanden und verfügbar, ist nicht ein einmaliger Lobgesang, der plötzlich in Marias Herz und Mund kommt, sondern es steht in einer Tradition, wie alles im Neuen Testament. Diese Tradition sind die Lobgesänge der israelischen Frauen. Wir sehen zuerst, dass es vier große Lobgesänge gibt – vier bedeutet in der Bibel „allumfassend". Das bedeutet ein Zweifaches, und das will ich sehr betonen: Einerseits führen alle diese Lobgesänge zum Magnifikat. Das Magnifikat ist die Erfüllung dieser Lobgesänge. Aber gleichzeitig bedeuten diese vier: „von allen Himmelsrichtungen". Und jeder dieser Lobgesänge hat sein eigenes Gewicht, sodass manche der Aussagen von Mirjam, Debora und Hanna nicht im Magnifikat zu finden sind, aber trotzdem eine Bedeutung haben für die Endzeit. Deswegen gilt gleichzeitig:

– Die Lobgesänge sind Verheißung und deren Erfüllung in Marias Magnifikat.
– Alle diese Lobgesänge tragen in sich einen Teil von Gottes ewiger Wahrheit. Manches, was von Mirjam und Debora gesagt wird, wird nicht erfüllt im Magnifikat, sondern wird erst in der Endzeit mit der Wiederkunft Jesu erfüllt.

Bevor Maria ihren Lobgesang beginnt, unterstreicht sie ihren Glauben: „Siehe, ich bin des Herrn Magd; mir geschehe, wie du gesagt hast." Hier sehen wir die Voraussetzung dafür, dass gerade Maria Jesus gebären soll. Wir wissen, dass der große Priester Zacharias Gabriels Worten, er und seine Frau sollen ein Kind bekommen, nicht geglaubt hat. Deswegen wurde er mit Stummheit bestraft. Stumm, weil er durch sein Verhalten den Ungehorsam Israels zeigte, und Gott war Israel gegenüber stumm, hat 400 Jahre keinen Propheten geschickt. Und dann wird der zentrale und endgültige Prophet kommen, Johannes der Täufer, der dann dem Messias den Weg bahnen wird mit

Vollmacht des Wortes. Maria aber ist demütig. Manche sagen, Marias Magnifikat sei ein Thema für katholische Christen. Das ist reiner Unsinn, denn es ist ein biblisches Thema. Unsere Auffassung unterscheidet sich von den katholischen Christen in dem, was Luther in seiner sehr schönen Schrift „Magnifikat" betont: Luther unterstreicht, dass Maria bescheiden ist. Sie erwartet nichts – „Ich bin nur eine arme Magd" –, aber sie glaubt, sie nimmt an und ist gehorsam. Deswegen achtet Luther Maria für den allergrößten Menschen, weil sie sich auf die allerniedrigste Stufe stellt, arm im Geist, total bescheiden. Die Niedrigen werden erhöht, und die sich selbst erhöhen, werden erniedrigt werden. Maria entspricht nicht dieser ganzen Sache mit der „Himmelskönigin" und „Mariä Himmelfahrt" und alledem; diese Dinge sind nicht biblisch. Aber es gibt eine sehr tiefe, biblische Aussage über Maria, und diese wird deutlich in ihrem Magnifikat und ihrem Verhalten: Sie ist fromm, sie ist schlicht, sie ist bescheiden und weiß doch gleichzeitig um die Macht des Gottes Israels, und sie ist gehorsam.

Und Maria sprach: Meine Seele erhebt den Herrn, und mein Geist freut sich Gottes, meines Heilandes.

Vergleichen Sie das mit Hannas Loblied! Dieses fängt an:

Mein Herz ist fröhlich in dem Herrn, mein Haupt ist erhöht in dem Herrn. Mein Mund hat sich weit auf-

getan wider meine Feinde, denn ich freue mich deines Heils.

Erkennen Sie die Ähnlichkeit, teilweise sogar bis in den Wortlaut hinein? Die Betonung auf Freude, auf Erheben, auf Heil ist in beiden Liedern zu finden. Maria hat diesen Lobgesang der Hanna sehr gut gekannt und im Herzen gehabt. Es ist kein Zufall, dass sie ein Buch bei sich hatte, als der Engel zu ihr kam. „Wie soll ich dich empfangen und wie begeg'n ich dir?" Maria gibt ihre Antwort auf Grund des Wortes Gottes. Und so soll auch unsere adventliche Antwort sein, denn Jesus kommt bald wieder. Wie sollen wir ihm begegnen? Maria zeigt uns das sehr deutlich: Über das Wort, durch das Wort. Wahres Christentum ist nicht ein schwärmerisches Erlebnis, wahres Christentum ist vom Wort geprägt, von einem tiefen Verständnis der Bibel. Wir sind dazu aufgerufen, die Bibel in ihrer Tiefe verstehen zu lernen, Altes und Neues Testament. Denn, wie Luther sagte, die ganze Bibel ist eine Einheit. Im Wort Gottes gegründet zu sein ist unsere Vorbereitung, Jesus zu empfangen. So hat es Maria uns gezeigt.

Dieser Text: „Meine Seele erhebt den Herrn, und mein Geist freut sich Gottes, meines Heilandes", kommt dem in Hannas Lobgesang sehr nahe, denn sowohl hier als auch dort sind die Aussagen persönlich. Es geht um mein, um unser persönliches Heil. Hanna spricht am Endes ihres Liedes von „seinem Gesalbten", aber Maria sagt: „mein Heiland". Das bedeutet, das Persönliche geht bis in meine eigene Erfahrung hinein. Maria wird ihn, Jesus Christus, empfangen – aber auch wir empfangen ihn. Wir empfangen wahres Leben, den Heiligen Geist, durch sein Wort. Deswegen können wir mit Maria beten: „Meine Seele erhebt den Herrn (schaut zu dem Herrn auf), und mein Geist freut sich Gottes, meines Heilandes." Das ist nicht nur Marias Gebet, das ist das Gebet der Christenheit. Auch wir freuen uns Gottes, unseres Heilandes. Das ist die ganze Weihnachtsbotschaft: Wir sollen vorbereitet sein, ihn zu empfangen. Das Wesentliche an Weihnachten sind nicht die Geschenke, die wir bekommen, auch nicht die Geschenke, die wir geben. Wer großen Wert auf die Geschenke allein legt und vielleicht dabei noch im Stillen denkt: „Ich bin ein guter Geber", verhält sich wie ein Pharisäer. Es geht diesem Menschen um das, was er tut. Die „Welt", ja, die erhabene Welt redet so: „Nicht das, was ich erhalte, sondern das, was ich gebe, ist wichtig." Das ist Pharisäertum! Der wahre Sinn von Weihnachten ist der, dass wir unser Herz öffnen, wie Maria es getan hat, damit wir Jesus Christus empfangen durch sein Wort.

Denn er hat die Niedrigkeit seiner Magd angesehen. Siehe, von nun an werden mich selig preisen alle Kindeskinder.

Dieses Betonen der Niedrigkeit – Maria bezieht diese Niedrigkeit hier auf sich –, steht deutlich auch in Hannas Loblied, aber in einem anderen Zusammenhang.

„Er erniedrigt und erhöht." Bei Hanna geht es um das allgemeine Wirken Gottes für alle Menschen – durch seinen Gesalbten. Bei Maria dagegen um das persönliche Erlebnis mit Gott. Es geht nicht um dieses und jenes im Allgemeinen, sondern es geht um meine Niedrigkeit. „Denn er hat die Niedrigkeit seiner Magd angesehen." Jawohl, wie Hanna sagt, er erniedrigt und erhöht. Er hat Maria erniedrigt, das bedeutet, er hat sie zur Demut gebracht, zu der Erkenntnis, dass sie gar nichts ist und gar nichts zu bringen hat. Und weil er sie erniedrigt hat, kann sie des Herrn Magd sein und wird erhöht werden. Wir müssen uns darüber im Klaren sein, was „Demut" bedeutet, was „arm im Geist" bedeutet. Martin Luther war der demütigste Christ der modernen Zeit. Menschlich gesehen war er arrogant und selbstsicher. Die katholische Kirche hat ihm vorgeworfen: „Wer bist du, zu sagen, dass die ganze Tradition falsch ist?" „Ich stehe hier", sagte Martin Luther, „ich kann nicht anders." Im Auftritt war Martin Luther absolut selbstsicher. In den Augen der „Welt" ist dies nicht Demut, sondern Selbstsicherheit, Arroganz. Aber warum tat er das? Weil es hier geschrieben steht; er handelte nach des Herrn Wort. Das bedeutet, er war total demütig und gehorsam gegenüber dem Herrn. Vorsicht vor den Menschen, die immer demütig spielen! So haben die katholischen Gegner Luthers immer vorgetäuscht, demütig zu sein: Wir nehmen die Tradition an, wir erheben uns nicht, erlauben uns nicht unser eigenes Urteil. Wiewohl sie sich als demütig ausgaben, waren sie doch hoffärtig.

Luther aber hat sich zutiefst erniedrigt, denn er hat gewusst, Gottes Wort hat mich getötet. Luther hat im Jahre 1515, kurz vor der Reformation, in seiner Römerbriefauslegung einen der tiefgehendsten Sätze, die ich kenne, niedergeschrieben: „Ich werde mich in der Hölle der Verdammnis von Gottes Wort richten lassen, wenn Gott das will, denn ich will, dass Gottes Wort an mir geschehe."

Demut ist die Erkenntnis: Es kommt nicht darauf an, wie ich bin, es kommt darauf an, wie er ist und was er will. Aber mit Recht sagt er dann dazu: „Aber, wird Gott mich verdammen, wenn ich bereit bin, diese Verdammnis anzunehmen?" Luther blieb trotz seiner Erkenntnis in der Demut vor Gott. Es war nicht eine gespielte Demut wie bei den katholischen Theologen seiner Zeit. Er war getroffen von Gottes Wort, er war getötet durch Gottes Wort. Nur der, der mit Jesus Christus stirbt, wird mit ihm leben. Nur der, der sich erniedrigt, wird erhöht. Das war der Weg Marias und es war der Weg Martin Luthers. Und ich hoffe, es ist unser aller Weg. Nicht unsere Frömmigkeit wollen wir vor den anderen Menschen zeigen, auch nicht damit auftischen, wie besonders begnadet wir sind, sondern wir wollen uns immer vor Augen halten: Herr Jesus, alles, was ich habe und bin, kommt von dir, ich gehöre dir allein, und ich habe nichts von mir selbst. Denn ohne ihn können wir nichts tun. Genau das sagt Maria hier.

„Denn er hat die Niedrigkeit seiner Magd angesehen. Siehe, von nun an werden mich selig preisen alle Kindeskinder."

Man könnte sagen: Das ist Hochmut! Wer ist diese einfache, arme Jüdin, zu behaupten, alle würden sie preisen? – Nein, sie meint nicht, dass sie ihrer Person wegen gepriesen werden wird. Nein, sie wird darum gepriesen, weil sie Jesus Christus empfangen und geboren hat. Das ist Niedrigkeit. Es geht nicht darum, dass sie hochgestellt wird, sondern darum, dass sie den Heiland geboren hat. Maria sagt diese Worte – „Siehe, von nun an werden mich selig preisen alle Kindeskinder" – als prophetische Aussage. Sie preist sich selbst nicht, nein, sie nennt sich nur eine einfache Magd. Wer bin ich, etwas zu bringen? Das ist einfach eine Tatsache, dass sie gepriesen werden wird, und sie wird es heute. Wir preisen sie nicht wie die katholische Kirche, sondern wir erkennen in Maria einen wahren, demütigen, gehorsamen Menschen und ein Vorbild für uns zu Advent. „Wie soll ich dich empfangen ...", das ist das zentrale Adventslied; ich kann es nicht oft genug singen und hören. In ihm werden verschiedene Stufen des Kommens Jesu besungen, wie und wozu er kommt, zum Schluss kommt er auch zum Weltgericht. Von Maria können wir lernen, wie wir ihn, den Herrn, empfangen sollen: in Demut, in Gehorsam und in der Erkenntnis: Ich habe nichts zu bringen.

„Denn er hat große Dinge an mir getan ..."
Nicht ich habe Großes getan, es sind nicht meine Werke, es ist nicht mein Heldentum, nicht meine Sicherheit, sondern er hat große Dinge an mir getan.

„... der da mächtig ist und dessen Name heilig ist."

Sollten wir uns nicht öfters an den Mittelpunkt unseres Glaubens erinnern und uns selbst fragen: Herr, warum hast du mir diesen Weg zum Glauben gezeigt? Wie kommt es, dass ich im Glauben an dich mein Leben führen kann? Warum hast du mich geführt Tag für Tag, mich herausgeholt aus einer sterbenden, üblen Welt? Beim Betrachten der Schaufenster zweier großer Buchhandlungen fielen mir zwei Dinge besonders ins Auge: Die eine Buchhandlung hatte als besonderes Angebot „Deutscher Aberglaube" in zehn Bänden! Die andere hatte ein anderes Sonderangebot anzupreisen: „New Age"; auch hier waren es zehn Kassetten. Wer nicht glaubt, dass wir in der Endzeit leben, muss nur die Augen ein bisschen aufmachen und sich ein wenig in der Welt umschauen. Wir können nur dankbar sein, dass der Herr uns herausgeholt hat aus dieser Welt, dass er große Dinge an uns getan hat (das hat er!), und wir können nur beten, dass er uns mit seiner allmächtigen Hand hält, trotz all dieser satanischen Bewegungen und der feministischen Theologie.

„Denn er hat große Dinge getan an mir, der da mächtig ist und dessen Name heilig ist."

„Name" bedeutet in der Bibel „Wesen". Sein Wesen ist heilig. Wenn man diese Aussage der Maria vergleicht mit den Lobgesängen der anderen israelitischen Frauen, findet sich ein Unterschied: Mirjam und Debora reden auch von „großen Dingen", aber in Bezug auf das Volk Israel, vor allem in Verbindung mit Geschichte und Krieg. Hanna redet auch persönlich, dass er große Dinge an ihr getan hat, sodass sie nicht mehr unfruchtbar ist. Bei Maria geht es aber persönlich in die letzte Tiefe. Große Dinge hat er an ihr getan, dass sie Gott selbst empfangen kann – wahrer Advent.

Und seine Barmherzigkeit währt von Geschlecht zu Geschlecht, bei denen, die ihn fürchten.

Steht es nicht im ersten Johannesbrief, dass wir nicht den Geist der Furcht, sondern den Geist der Liebe empfangen haben? Wie ist das zu verbinden mit einer solchen Aussage wie in obigem Vers? „Die Furcht des Herrn ist der Anfang der Erkenntnis." – „Gott hat uns nicht gegeben den Geist der Furcht, sondern der Kraft und der Liebe und der Besonnenheit." Die Antwort ist biblisch so: Wer Gott begegnet, begegnet ihm in Furcht, zuerst immer! Deswegen sagen die Engel und die Boten Gottes immer: „Fürchte dich nicht!" Warum sagen sie das? Weil die Leute Furcht haben, wenn sie die Allmacht Gottes uns gegenüber erkennen und seine Gegenwart verspüren. Stellen wir uns doch vor, was für ein überwältigendes Erlebnis das ist, wenn Maria einem Engel begegnet! Oder wenn Zacharias von einem Engel angesprochen wird, wenn Jesaja Gott sieht im Tempel. Zuerst kommt die Furcht, die Erkenntnis, wie niedrig wir sind. Aber dann weicht die Furcht der Liebe. Warum? Weil wir merken, dass Gottes Macht nicht gegen uns ist als Bedrohung, sondern dass sie am Kreuz für uns in Liebe verwandelt worden ist. Und je tiefer unser Leben im Kreuz verankert ist, umso mehr sind wir in der Liebe Christi, und umso weniger kann uns die Furcht beherrschen.

Aber die Begegnung mit Gott geht über die Furcht Gottes, die der Anfang aller Weisheit ist. Jesus ist unsere Weisheit, die Weisheit Gottes. Je tiefer wir in Christus sind, umso weniger ist der Geist der Furcht in uns und umso mehr der Geist der Liebe. Denn seine Liebe zeigt sich in seiner Macht, damit wir ihm vertrauen und mit ihm gehen. Man kann aber dann nicht sagen, es geht nur um Liebe. Wir müssen ihm zuerst in Furcht begegnen, wie alle in der Bibel ihm zuerst in Furcht begegnet sind und seine Allmacht erkennen. Erst dann können wir seine Liebe annehmen. Beides gehört zusammen. Wer nur Gottes Liebe predigt, weiß nicht um Gottes Allmacht. Furcht zeigt die Allmacht Gottes; und die Liebe zeigt die Erkenntnis, dass seine Allmacht für uns in Liebe verwandelt ist. Das ist ein sehr, sehr wichtiger Zusammenhang.

Und seine Barmherzigkeit währt von Geschlecht zu Geschlecht bei denen, die ihn fürchten. Sie gilt für die, die diese Grunderkenntnis seiner Macht und unserer Niedrigkeit haben.

Er übt Gewalt mit seinem Arm und zerstreut, die hoffärtig sind in ihres Herzens Sinn. Er stößt die Gewaltigen vom Thron und erhebt die Niedrigen.

Wo steht das auch noch geschrieben? Wort für Wort fast genauso bei Hanna.

Diese Aussage: die „Niedrigen", und vorher: „Er übt Gewalt mit seinem Arm und zerstreut, die hoffärtig sind in ihres Herzens Sinn" ist fast wortwörtlich von Hanna übernommen. Maria steht in einer Tradition der Erkenntnis und des Bekenntnisses als Lobgesang der Frauen Israels. Und sie ist die Endgültige, die Trägerin dieser Tradition, wie Johannes der Täufer der endgültige Prophet ist. Auch er steht in einer Tradition. Nicht nur bei Hanna, auch bei Mirjam und Debora sind Vorstufen zu finden, die diese Macht, das Gericht und die Gewalt gegen die Feinde beschreiben. Geschehen wird dies alles bei der Wiederkunft Jesu, wenn die Feinde gerichtet werden. Das hat auch für uns tragende Kraft. Man soll nicht nur sagen, alles ist erfüllt im Magnifikat. Hier haben wir bei den Aussagen von Hanna, Mirjam und Debora zwei Seiten: zum einen Vorstufen zur Erfüllung im Magnifikat; zum anderen sind alle diese Aussagen als eine gesammelte Kraft des Wortes Gottes zu sehen, sodass manche Aussagen von Mirjam und Debora endzeitlich erfüllt werden und manche gar nicht im Magnifikat zu finden sind. Das sind die beiden Wege, sie gehören zusammen.

Die Hungrigen füllt er mit Gütern und lässt die Reichen leer ausgehen.
Dieses Thema der Hungrigen fängt bei Debora an, indem sie über die Bauern redet; bei Hanna geht es um die Armen, und in Jesus ist dieses ganze Thema endgültig erfüllt. „Selig sind, die hungert und dürstet nach der Gerechtigkeit." Das bedeutet – wie auch bei Debora Gottes Gerechtigkeit gezeigt wird, indem er den

hungrigen Bauern zu essen gibt – bei diesem Füllen der Hungrigen geht es um Gottes Gerechtigkeit. Gott ist gerecht, er will nicht, dass Menschen verhungern und andere im Überfluss leben. Aber es geht hier um einen tieferen Hunger, genauso wie „arm im Geist" eine tiefere Sache ist als nur äußere Armut. Es geht um „hungern und dürsten nach der Gerechtigkeit". Deswegen sagt Jesus am Kreuz: „Mich dürstet." Dieser Ausruf Jesu hat mit diesem Satz aus der Bergpredigt zu tun. Er dürstet auch nach der Gerechtigkeit Gottes und ihrer Erfüllung. Diese ganze Betonung der Hungrigen kommt in letzter Erfüllung zum Vorschein in den Seligpreisungen Jesu, denn es geht nicht um körperlichen Hunger allein, sondern um geistlichen. Wir hungern und dürsten nach der Gerechtigkeit Gottes, wenn wir diese Welt mit all ihren Schrecknissen – Terrorismus, Armut, schreckliches Unrecht etc. – nicht mehr ausstehen können. Wir sehen unmögliches Leiden in dieser Welt und wir sagen: Herr, warum tust du nicht etwas dagegen? Wir dürsten nach seiner Gerechtigkeit – und das ist seine Wiederkunft, wenn er alles erfüllen wird und wenn alle diese Missstände gerichtet und in Ordnung gebracht werden. Wir hungern und dürsten nach dieser Gerechtigkeit. Deswegen ist hier wiederholt diese Betonung auf Hunger gelegt. Es geht nicht nur um körperliches Hungern, es geht um Hungern im Geist nach der Gerechtigkeit. Und das ist sogar vorgedeutet im Lobgesang Deboras.

Er gedenkt der Barmherzigkeit und hilft seinem Die-

ner Israel auf, wie er geredet hat zu unsern Vätern, Abraham und seinen Kindern in Ewigkeit.

Was ist hier so besonders? Hier – wie Debora und Mirjam – blickt Maria zurück. Mirjam blickt zurück auf das, was gerade passiert ist, auf das Rote-Meer-Wunder, das zentrale Wunder im Alten Bund. Debora blickt zurück auf Gottes Sieg in der Richterzeit. Und worauf blickt Maria zurück? Sie blickt zurück zum Anfang Israels, wie es keine der anderen getan hat, zu dem, der gesegnet wird. Durch ihn werden gesegnet alle Völker auf Erden. „Er gedenkt der Barmherzigkeit und hilft seinem Diener Israel auf, wie er geredet hat zu unseren Vätern, Abraham und seinen Kindern in Ewigkeit." Das Besondere hier ist, dass der Anfang und das Ende Gottes Verheißung an Israel beinhaltet. Der Anfang ist: „Abraham, durch dich werden gesegnet alle Völker auf Erden." Und das Ziel, das Ende ist die Geburt Jesu Christi. Und Marias Lied ist ein Gebet der Bereitschaft zu empfangen. Sie wird den Heiland empfangen, der die ganze Geschichte Israels zur Vollendung bringt. Bei Mirjam geht es nur um das eine Wunder am Roten Meer. Bei Debora geht es um die Weiterführung durch Gott in diesen Kriegen; aber hier, in Marias Magnifikat, ist sowohl der Anfang der Verheißung – der Rückblick zu Abraham – und das Ziel der Verheißung – die Geburt Jesu Christi – als Einheit beinhaltet. Anfang und Ende, Jesus Christus selbst ist beides.

Und Maria blieb bei ihr drei Monate; danach kehrte sie wieder heim.

Wir wissen, wie die Debora-Geschichte endet: „Und das Land hatte Ruhe 40 Jahre." Diese Zahl 40 in der Bibel bedeutet einen ganzen historischen Abschnitt. Warum diese drei Monate? Elisabeth ist im sechsten Monat schwanger. In drei Monaten wird Johannes der Täufer geboren und die neue Zeit wird anbrechen. Denn Johannes der Täufer ist nicht ein Prophet des Alten Bundes, sondern er ist der Prophet des Neuen Bundes. Die neue Zeitepoche fängt an. Das Kirchenjahr fängt mit dem ersten Advent an. Ein Adventssonntag ist immer Johannes dem Täufer gewidmet, denn bei ihm ist der Anfang. Der Anfang des Neuen Bundes ist nicht die Geburt Jesu. Der Anfang geht zurück zu Johannes und natürlich noch weiter zurück, nämlich zur Ankündigung seiner Geburt. Hier fängt das Wirken an. So bleiben Maria und Elisabeth zusammen, bis Johannes geboren ist. Und es ist sehr interessant, die Zusammenhänge zu beobachten: Wer fängt gerade dann an zu wirken, das Reich Gottes zu predigen, als Johannes gefangen genommen ist? Jesus Christus, mein und dein Heiland.

Adventliches Gedicht

Die Zeit kann
nicht langsamer

gehen als dieser
Zug. Zögernd wird

sogar der Mond
zum Abglanz bereit.

Die Bäume stehen
still mit Raureif

vielleicht von Ur-
zeiten bedeckt –

Ich denke, Herr,
wie oft und wie

lange wir gewartet
haben auf Dein

Kommen.

Ich warte auf die
Zeit, Herr,

wenn ich warten
darf – nicht

jetzt, aber dann
wird die Zeit für

mich wie eine Frau
genauso richtig

angezogen, wie ihre
Kleidung sprechen

darf. Ich eile
dieser Zeit entgegen,

wenn ich zu mir
selbst sagen darf,

Ruhe und Frieden
im Herrn, sei

Stille, Er ist und
bleibt und hat's

getan.

Adventskranz

Die erste Kerze ist jetzt halb abgebrannt. Die anderen warten in einem Kreis, um auch Licht zu empfangen, wie Kinder auf einen besonderen Auftrag warten.

Etwas von verwelktem Grün umringt sie alle, vielleicht als eine Rückschau auf das Vorhergehende, weil alles jetzt neu gestaltet wird.

Gefestigt ist dieser Kranz durch rote Bänder, vielleicht um zu zeigen: Das, was kommt, ist auch, was gekommen ist – unendlich/endlos blutrot, das Zeichen des Kreuzes.

Aber in der Mitte steht Raum, gerundeter Raum mit einer Art Fußboden-Motiv. Ja, dieses Kommen des Herrn gegründet in Zeit, die Kerzen, und in diesem abgeschlossenen vollendeten Raum.

Adventskränze sprechen auch eine Sprache der Erwartung.

Ein weihnachtliches Bild

Einmal habe ich ein merkwürdiges, aber ziemlich unbekanntes weihnachtliches Bild gesehen, ich glaube es war in Hamburg. Das Bild selbst enthält alles, was ein Weihnachtsbild normalerweise enthält: Jesus und Maria, Joseph, Hirten, Engel, Stall in Form eines Schuppens, dessen Dach an verschiedenen Stellen durchbrochen war, als Zeichen von Jesu, Josephs und Marias Armut, aber auch als Zeichen des offenen Himmels.

Aber in diesem Bild gab es etwas Besonderes. Der Ochse hat menschliche Augen, und nicht nur das, sondern sehr kluge, weise Augen. Ich schaute das Bild mehrmals an, und das Bild schaute mich, wie es sich geziemt, auch an. Ja, dieser Ochse war dabei, als Opfertier, als Zeichen von Jesu Kreuz, und seine so klugen Augen bezeugten eine Weisheit, welche nur im Geheimnis des Kreuzes zu finden ist, in Jesu Opfer an Stelle von allen Tieropfern, für die Sünden der Welt. Dieser weise Ochse trug in seinem tiefen Blick die Bedeutung. Ja, die Deutung dieses so zentralen Ereignisses.

Wenn Weihnachten in Bethlehem geendet hätte

Wenn Weihnachten in Bethlehem geendet hätte, warum sind diese Weisen dann so weit gekommen mit Geschenken, welche auf etwas anderes deuteten: das Gold des Königlichen (INRI), der Weihrauch des Hohenpriesterlichen und die Myrrhe als Heilmittel?

Der Weg von Bethlehem nach Golgatha, Jerusalem, war nicht weit, aber sehr kurvenreich, als ob die Irrungen und Wirrungen des Menschseins hier gezeichnet wurden, welche zu Jesu Tod am Kreuz führte.

Für die, welche Bethlehem jährlich kennen, denen aber dieser Weg bis hin zu Golgatha noch ziemlich unbekannt bleibt, ist ihr Weg noch viel länger, als sie jemals ahnten.

Damals wie heute

„So rühme dich nicht gegenüber den Zweigen. Rühmst du dich aber, so sollst du wissen, dass nicht du die Wurzel trägst, sondern die Wurzel trägt dich." (Römer 11,18)

Wo bleibt das besinnliche Weihnachten? Damals wie heute ist die Welt in Aufruhr. Damals unter der römischen Besatzung. Tausende von Juden gekreuzigt. Unruhe, große Erwartung, Spaltung unter den Juden. Und heute nach dem 11. September 2001? Und wie ist es in Israel, mit pausenlosen Terroranschlägen der Feinde, der islamisch-arabischen Welt die den immerwährenden Sündenbock suchen? „Die Juden, Israeli, die sind unser Unglück!" Wachsender Juden-/Israel-Hass.

Und wir sollen ein besinnliches Weihnachten feiern inmitten dieser Geburtswehen eines neuen Anfangs. Und wie leicht pochen wir Christen auf unseren Frieden, unser Licht, unsere neutestamentlichen Werte, ohne wahrzunehmen, dass Israel weder Licht noch Frieden noch Zeit zum Besinnen hat. Ohne wahrzunehmen, dass es zwei Bünde gibt, zwei Wege, wenn auch nur einen zum Heil. Israel muss sich mit dem Schwert wehren und die Gefahren des Schwertes aushalten, gegen eine sehr gefährliche und feindlich gestimmte Welt, bis ihr Messias kommt, und das Schwert aus ihrer Hand nimmt, um durch das Gericht Frieden für die Juden im Sinne des Neuen Bundes zu schaffen.

Aber inmitten dieser so endzeitlich gestimmten Welt, das Bild von Weihnachten: Ein kleiner hilfloser Säugling, ausgeliefert der Armut, dem Wind und Wetter und dann Hass, Neid, Gewalt und einen schrecklichen Tod. Ja, da ist unser Frieden. Ja, da ist unser Licht, denn „in der Welt habt ihr Angst", Juden wie Christen, aber er, der Sieger, proklamiert: „Ich habe diese Welt überwunden."

Weihnachtlicher Schnee

Der Schnee fällt stetig. Er ändert anscheinend seinen Rhythmus nicht. Er ist fast so konsequent wie die Zeit selbst, aber nur durch Wind und Intensität etwas anders.

Und sein Ziel ist gleich, ja, alles gleich zu machen wie er, mindestens so zu überdecken. So schön, wie dieser Schnee ist, kommt er in Verdacht, etwas selbstsüchtig zu sein. Er mag die Welt nicht, wie sie war, sondern will alles neu machen, nach seinem eigenen Bild schaffen. Er will herrschen, unsere Sicht der Dinge beherrschen, soweit wir sehen können.

Hat dann dieser Schnee etwas mit dem Kleid der Gerechtigkeit zu tun? Rein, weiß gewaschen durch Jesu Kreuzesblut, um unsere Sünde wie die spätherbstlichen Narben zu überdecken?

Und hat diese alleinige Herrschaft des Schnees, soweit die Wolken gehen, und dieses alles in sein eigenes Bild zu schaffen, etwas mit dem Herrn zu tun, als Zeichen der Totalität seiner reinen und sanften Herrschaft? Und ist der Schnee deshalb so wichtig für uns zu Weihnachten, weil die reine, stille Stimmung, welche er atmet, uns näher zur Anbetung führen will, wie damals bei dem Engel, den Weisen und Hirten?

Der Schnee fällt stetig. Er ändert anscheinend seinen Rhythmus nicht. Er ist fast so konsequent wie die Zeit selbst, aber nur durch Wind und Intensität etwas anders.

Mein Weihnachten

Es ist für Deutsche kaum vorstellbar, dass manche Juden in Amerika Weihnachten feiern. Aber warum nicht, wenn so viele „Christen" den wahren Sinn von Weihnachten nicht begreifen und nicht danach leben.

Meine Eltern als aufgeklärte, liberale, moderne Juden wollten sich als gute Amerikaner fühlen und ihren Kindern natürlich diese Werte auch vermitteln. Dazu gehört ein Weihnachtsbaum, die Vorstellung, dass Santa Claus mit seinen Rentieren durch die Kamine kommt mit Geschenken und die ausgehängten Socken füllt – unsere waren besonders groß – mit Bonbons und dergleichen.

Ich glaube, dass auch als kleines Kind, als Baseball-Amerikaner, dass meine Fantasie genauso wach und rege war wie heute. Ich habe niemals daran gezweifelt, dass es Santa Claus gibt und dass er kommt, nur wenn wir Kinder schlafen. Deswegen versuchte ich nicht wie manche cleveren Kinder, wach zu bleiben, um zu schauen, ob das alles wirklich stimmt, sondern als der kleine, manchmal sogar brave David, versuchte ich so schnell wie möglich einzuschlafen, damit Santa kommen konnte, um mir und meinen großen Socken die ersehnten Geschenke zu liefern. Dieser kindliche „Glaube" endete schroff, als meine älteren Schwestern mich über die Wahrheit aufklärten.

Und wir sangen so schöne Weihnachtslieder in der Schule, im Musikunterricht, aber dann besonders auch in unserer großen Aula am Tag vor den Weihnachtsferien. Ich besaß damals wie heute eine sehr laute und manchmal sogar schöne Stimme, und diese Lieder, kann ich mich wohl erinnern, erweckten in mir eine tiefe Sehnsucht nach Frieden, Licht, Geborgenheit. Die schönen alten englischen Lieder sprachen mich damals viel mehr an als die modernen, kitschigen amerikanischen. Aber dazu muss ich zugeben, dass sentimentale Schnulzen mich fast zu Tränen gerührt haben. Ja, Geschmack bilden ist ein Prozess, dem sich viele Erwachsene sogar verweigern.

Höhepunkt dieses Weihnachtslieder-Weihnachtens war das Treffen bei der Polizeistation, ein zentraler Ort an der Fenimore Straße, wo ein großer Weihnachtsbaum aufgestellt war und wo Hunderte kamen mit Posaunenbläsern, um die schönen alten Lieder (und nicht so „schöne" moderne Lieder) zu singen.

Später als Teenager habe ich eine Gruppe von jüdischen Freunden mit festen Kehlköpfen gesammelt, um in der Adventszeit von Haus zu Haus zu gehen und unsere christlichen Nachbarn mit Weihnachtsliedern zu erfreuen. Damals hat mein Geschmack durch den Einfluss von Haydn, Bach und Schütz sich etwas gebessert. Wir wurden wohlwollend empfangen mit Tee und Weihnachtsgebäck. Ich frage mich heute, was unsere „christlichen" Nachbarn empfunden haben, von Juden mit Weihnachtsliedern beglückt zu werden?

Und dann mein erstes wirkliches Weihnachten hier in Deutschland, genauer gesagt in Bayern, als ich das erste Mal erfuhr, dass Weihnachten in Bethlehem nur angefangen, aber geographisch nicht weit weg in Golgatha geendet hat. Ich fragte meine gläubige Frau: „Ist das eine wirkliche Weihnachtspredigt, welche mit Golgatha endet?" Und sie antwortete in ihrer schlichten, innigen und bescheidenen Art: „Ja, David, so ist es."

Tauwetter zu Weihnachten

Was im Leben Wichtiges passiert, kommt nicht von uns, sondern zu uns, über uns. So denke ich zum Beispiel an die erste Begegnung mit meiner Frau oder das erste Mal, dass Gottes Wort sich mir eröffnet hat. Solche Begegnungen könnte man als Tauwetter bezeichnen. Etwas Hartes, Sicheres, Festes in uns selbst wird plötzlich weich, zart. Etwas tief in unserer Seele schmilzt, sodass wir uns selbst begegnen wie zum ersten Mal: „Nackt kam ich von meiner Mutter Leib, und nackt kehre ich zurück." Jeder von uns hat eine tiefe Angst entblößt, bloßgestellt zu werden. Aber dieses „Tauwetter" lässt sogar unser Blut in den Adern neu und frei fließen wie der Saft im starren Holz. Tauwetter ist Liebe. Tauwetter ist wahrer Glaube. Tauwetter sind die Momente in unserem Leben, wenn wir endlich empfangen, was wir nicht verdient haben – Luther nennt das Gnade. Tauwetter bedeutet in der Natur auch Leben aus dem Tod. Und vielleicht ist es das, was die Bibel meint, wenn sie sagt, dass wir mit Christus sterben müssen, um neu geboren zu werden. Tauwetter empfinden wir mit allen unseren Sinnen. Wir riechen sogar, wie der Schnee und das Eis schmelzen. Wir spüren die angehende Wärme durch die feinen Poren unserer Haut. Wir hören, wie der Schnee vom Dach herunterfällt. Wir sehen die Rinnsale von Wasser wie neuer Puls durch unsere Adern fließen. Tauwetter bedeutet immer Beginn, Neubeginn. „Am

Anfang (auch an unserem Anfang) schuf Gott ..." Was im Leben Wichtiges passiert, kommt nicht von uns, sondern zu uns, über uns.

Epiphanias

Je weiter wir kamen,
desto leichter wogen

unsere Geschenke. Schwerer
diese Sehnsucht.

Wir konnten es kaum
erklären. Der Stern, so

fern er war, zog
uns an, wie ein Ruf,

ein Schall, welcher unsere
Wege auch durch die

Nächte bestimmte.
Wir mussten hin.

Wir konnten nicht anders.
Aber ein Kind haben

wir nicht erwartet,
sondern einen König, wie

wir gewohnt waren,
schwer gewogen durch seine

Krone, Juwelen und
Wichtigkeit. Als

wir uns vor ihm verbeugten
waren nicht nur unsere

Geschenke leichter,
sondern auch unsere
Herzen. Etwas von dem
Licht dieses Sterns

leuchtete in uns hinein,
tiefer, aber ferner,

als wir begreifen konnten.

Drei Weisen oder drei Könige

Manche evangelische Christen nehmen daran Anstoß, dass die Weisen aus dem Osten als drei Könige gemalt werden. So etwas steht nicht in der Bibel, meinen sie. Diese Weisen werden zu drei Königen, auch zu Königen, welche verschiedene Lebensphasen zeigen, und sogar verschiedene Rassen – ein Afrikaner dabei. Sogar der zentrale evangelische Maler, Rembrandt, malte sie als Könige. Warum?

Weil Jesus der König aller Könige ist. Der älteste dieser „Könige" übergibt Jesus sein Geschenk, während die anderen meistens im Hintergrund bleiben. Warum? So lange haben die Heiden auf ihre Erlösung gewartet, wie der alte Simeon das gleiche für Israel verkörpert.

Sehr wichtig ist, wie dieser alte „König" Jesus gegenüber steht, und noch wichtiger Jesu Antwort. Meistens ist der alte „König" tief gebeugt in Demut vor dem König aller Könige, aber Jesus wird unterschiedlich dargestellt. Manchmal nimmt er dieses Gold, welches er später vom Satan nicht angenommen hat, als Zeichen, dass alle Schätze dieser Welt ihm gehören, auch weil er die tiefe Sehnsucht, erfüllte Sehnsucht dieses alten „Königs" nicht „unhöflich" abweisen will.

Aber in einer der tiefsten solcher Darstellungen schaut Jesus das Geschenk überhaupt nicht an, sondern schaut mit tiefen durchdringenden Augen diesen alten Mann an, als ob er fragen würde, wie er später Petrus fragte: „Weißt du wirklich, was das alles bedeutet?" Ein Blick, welcher vielleicht auch Palmsonntag und seinen königlichen Empfang vordeutet.

Die Flucht nach Ägypten

Jesus, Maria und Josef auf der Flucht, wie so viele Menschen in unserer Zeit. Sie müssen weg, sonst wird Jesus ermordet, wie die vielen Kinder zu Bethlehem, auf Befehl des eifersüchtigen Königs Herodes. Jesus war der wahre König im Geist und Herodes sein fleischliches Gegenüber, wie David, der auch der kleine David war, der König im Geist, und Saul sein fleischliches Gegenüber.

Die Flucht hat auch eine zeichenhafte Bedeutung, dass Jesu Heil bis zu den Heiden gehen wird, denn Ägypten ist das größte Heidenreich in der Nähe von Israel. Hier ist ein Teil der Friedensstraße, welche in Jesaja 19 beschrieben wird, welche von Jerusalem ausgeht, denn Jesu Heilsweg ist der Anfang seines Friedens für die Heiden. Und diese Straße wird über Ägypten, hier gedeutet, nach Assyrien (Syrien) gehen, wo Paulus, der große Heidenmissionar, zum Glauben kam, und wo, in Antiochien, die erste Gemeinde aus den Völkern entstand.

Diese Flucht zeigt aber auch, wie Jesus ausgeliefert wird den Mächten und Kräften dieser Welt, auch Wind und Wetter, denn die Welt war immer gegen Gott und bleibt es, und wir, seine Jünger, sind ausgeliefert seiner Gnade in einer gnadenlosen Zeit.

Die Maler haben dieses Thema sehr geliebt. Sie ließen ihrer Fantasie freien Lauf in ihrer Auffassung von einem Ägypten, welches sie nie gesehen haben, oder wie Cranach, Luthers Freund und Weggefährte, malen sie diese Szenen in einen deutschen Wald, um zu zeigen, das, was hier geschah, ist auch wichtig für uns heute; unser Heil ist unterwegs, ausgeliefert dem Wind, dem Wetter und den Weltenmächten.

Zuletzt, doch nicht am wenigsten, dieser bescheidene Esel, öfters sogar Mittelpunkt dieser gemalten Szenen, um seine Demut und auch Jesu Demut zu zeigen, aber auch die Größe seines Auftrags – eine Vordeutung von Palmsonntag, aber auch ein Rückblick auf Gottes Verheißung an Juda und den berühmten weihnachtlichen Text Sacharja 9,9.

Ja, Jesu Flucht nach Ägypten ist so aktuell am Ende der Tage, wenn Millionen von Menschen unterwegs sind: vertrieben, verjagt, verfolgt und ohne richtigen Schutz außer dem, welcher vom Himmel kommt, und jetzt ist Christus unterwegs mit uns, mit seiner Gemeinde in ihrer endzeitlichen Not.

Das erste Weihnachten und heute

Damals kein Datum.
Unbekannt/unerkannt,
ein armer Säugling wie so
viele andere. Adresse –
wie heute – unauffindbar,
abseits der Hauptstraße.

Und so lebst du jetzt,
mein Jesus, meine Freude,
anonym hinter deinem
verborgenen heilsgeschicht-
lichen Werk und Weg,
für viele Verleitete von den
Umleitungen dieser Zeit
und dieser Erde.